SIMPLE

SIMPLE

Copyright ⓒ 2013 by Alan Siegel and Irene Etzkorn
All rights reserved

Korean translation copyright ⓒ 2013 by RH KOREA Co., Ltd.
Korean translation rights arranged with International Creative Management, Inc.,
New York, N. Y. through EYA(Eric Yang Agency), Seoul.

이 책의 한국어판 저작권은 EYA(Eric Yang Agency)를 통한
International Creative Management, Inc.사와의 독점계약으로
한국어 판권을 '㈜알에이치코리아'가 소유합니다.
저작권법에 의하여 한국 내에서 보호를 받는 저작물이므로 무단전재와 복제를 금합니다.

일상과 비즈니스에 혁신을 가져오다

SIMPLE 심플

앨런 시겔 · 아이린 에츠콘 지음
박종근 옮김

" 사회는 점점 복잡해지고 있다.
복잡한 사회에서 개인과 기업은 많은 돈을 낭비하고 있다.
이 책은 사회를 단순하게 만드는 일에 대해 이야기한다.
단순함의 세 가지 원칙만 잊지 않는다면
일상과 비즈니스에 혁명을 일으킬 수 있다.
이제부터 그 방법을 안내할 것이다. "

들어가며 ____

단순함이 이긴다

우리가 지금 이 책을 쓰는 데는 나름대로 사연이 있다.

디자인 회사를 처음 차릴 때 나(앨런 시겔)는 로고나 색채 같은 시각적 요소를 뛰어넘어 고객사가 자신만의 색깔을 찾도록 전략, 콘텐츠, 디자인을 종합적으로 고려하기로 결심했다. 퍼스트내셔널 시티뱅크First National City Bank(시티은행의 전신)로부터 벤처기업 창업자금을 지원받은 나는 자연스레 그 은행의 마케팅 부서와 친분을 쌓을 수 있었다. 얼마 후 은행은 내게 세계 최고의 은행이라는 이미지를 확실히 드러낼 수 있도록 신청서, 서명조회 카드, 대출약정서 등 다양한 은행서류 양식을 새로 디자인해달라고 부탁했다.

그런데 은행의 할부대출약정서를 보고 깜짝 놀라고 말았다. 디자인은 문제의 원인도 해결책도 될 수 없었다. 난해한 법률용어로 빽

빽하게 채워진 그 문서는 이렇게 소리치는 듯했다.

"절대로 읽지 마시오!"

하지만 순간 놓칠 수 없는 기회라는 사실도 깨달았다. 은행은 그 계약서를 단지 필요악이나 번거로운 서류작업쯤으로 여겼지만 내 눈에는 그렇지 않았다. 나는 껍데기만 치장하는 데 돈과 시간을 버리지 말고 계약서에 담긴 내용을 변호사들과 검토해 쉽게 풀어쓰는 작업을 해보면 어떻겠냐고 제안했다. 인지도를 높이고 회사가 고객에게 더 가까이 다가가려고 노력한다는 메시지를 담을 수 있도록 디자인하는 것은 그다음 일이라고 설명했다.

오랫동안 로스쿨을 다니며 1년 동안 계약법만 공부했던 나는 더 명확하고 읽기 쉬운 계약서를 만들 수 있을 것이라 확신했다. 은행은 별로 반기는 기색이 아니었지만 어쨌든 예산을 확보해주었다(그들은 변호사들이 일찌감치 내 제안에 퇴짜를 놓을 것이라 장담했다). 나는 우선 지금은 작고한 루돌프 플레시Rudolf Flesch에게 전화를 걸었다. 오스트리아 이민자 출신으로 컬럼비아 대학교Columbia University에서 박사학위를 받은 그는 읽기 쉬운 글이란 무엇인지 연구하며 『읽을 만한 글쓰기The Art of Readable』라는 책을 쓰기도 했던 인물이다. 그는 자신의 평소 철학을 세계적 은행의 엄숙한 법률계약서에 적용해볼 수 있다는 기대감에 한껏 부풀었고 우리는 일단 계약서를 해부한 뒤 알맹이만 추려 전체적 윤곽을 잡는 작업에 들어갔다.

플레시는 문장의 길이를 줄이고 인칭대명사와 일상용어를 사용하며 논리적 구성에 맞춰 계약서를 고쳐 썼다. 구조가 체계적이고 표현도 명료해진 초안을 토대로 우리는 읽기 쉽고 보기 편하도록 서류들을 디자인했다. 독자 여러분도 그 변화를 스스로 판단해보기 바란다. 예를 들면 채무 불이행 조항은 원래 이렇게 쓰여 있었다.

본 계약서상 또는 그 밖의 모든 채무의 불이행이 발생한 경우, 본 계약서 또는 채무자 측의 모든 채무와 담보를 증명하거나 그것과 관계있는 모든 증서, 계약서, 동의서에 포함된 모든 조건과 규정의 이행 및 준수에서 불이행이 발생한 경우, 본 계약서에 서명인이 사망한 경우, 서명인이 파산했거나 채권자를 위해 채권을 양도한 경우, 파산법 조항에 의거해 서명인이 직접 소송을 제기했거나 서명인을 상대로 소송이 제기된 경우, 본사(은행)가 보관, 소유, 관리하고 있거나 그러할 예정인 서명인의 모든 현금, 증권, 부동산이 압류절차 또는 법정명령 및 판결에 관련되거나 종속되는 경우, 아울러 본사가 채무의 상환이 필요하다고 판단한 경우, 본사는 어떤 종류의 의무사항이나 통지행위 없이 채무 금액의 전부 또는 일부에 대해 즉각적인 상환을 요청할 수 있는 권리를 가진다. 이 모든 경우에 채무사항은 즉시 상환되어야 하며 본사는 채무 불이행이 발생한 시점에서 뉴욕 주의 통일상법(이하 상법)과 기타 관련 법률에 의거해 담보권자에게 보장된 모든 권리와 구제책을 행사할 수 있는 권리를 가진다.

우리는 위의 조항을 이렇게 바꿔 썼다.

당신은 아래의 경우에 채무 불이행 상태가 된다.
1. 분할대출금을 제 날짜에 지불하지 않은 경우

2. 다른 채권자가 소송을 걸어 당신이 가지고 있는 우리 소유의 자금을 가져가려고 시도하는 경우

끝이다. 우리는 최종 문서를 확정하기 전에 우선 기본적 콘텐츠를 반드시 검토해야 한다는 귀중한 교훈을 얻었다. 이 사례에서 우리는 채무 불이행을 초래하는 가장 중요한 원인이 정해진 기한 안에 돈을 지불하지 않는 것임을 포착했고 문서를 고칠 때 그 부분을 중점적으로 강조했다.

덕분에 시티은행의 마케팅 부서는 결과적으로 더 짧고 읽기도 편해진 서류를 하나 얻었다. 그 서류는 오랫동안 가치를 잃지 않았다. 그리고 나는 새로운 비즈니스를 시작했다. 바로 단순함을 추구하는 사업이었다.

끝없는 회의와 수정에 수정을 거듭했던 그 몇 달 사이 나는 새로운 것을 보기 시작했다. 어디를 가든 사람들의 삶이 복잡한 것들에 짓눌리고 있었다. 단순해지면 비즈니스와 행정이 획기적으로 개선될 것이라는 사실도 깨달았다. 소비자와 시민도 훨씬 더 현명해질 것이다.

우리가 제작했던 단순명료한 대출약정서는 당시 세간의 주목을 받았고 그 후 쉬운 글쓰기 운동이 벌어졌다. 몇 개 주에서 서둘러 쉬운 글쓰기 법안을 통과시켰고 변호사 교육기관인 PLI Practicing Law Institute도 관련 교육과정을 신설했다. 지미 카터 대통령은 연방법규는 무엇보다 국민이 이해할 수 있는 것이어야 한다고 강조하며 1978년 3월 23일 대통령령 제 12044호에 서명했다.

그 무렵 나는 국립교육연구소 National Institute of Education의 자금을 지원

받는 컨소시엄에 참여하게 되었고 지원금의 일부는 카네기멜론 대학교Carnegie-Mellon University가 관련 분야의 학과과정을 개설하는 일에 쓰였다. 그때 새로 개설된 석사과정을 수료한 첫 번째 졸업생들 가운데 이 책의 공통 저자인 아이린 에츠콘Irene Etzkorn이 있었다. 나중에 알게 된 사실이지만, 그녀는 나와 똑같은 열정을 갖고 있었다. 내가 시행착오와 본능에만 의지해 일하고 있던 그 분야에 그녀는 대학에서 습득한 전문지식을 적용했다. 수사학, 언어학, 인지심리학, 테크니컬 라이팅, 시각 디자인 등 그녀의 광범위한 지식과 뛰어난 발상은 단순함을 기업 서류를 뛰어넘어 여러 분야로 확장시키는 데 중요한 역할을 했다. 이후 모든 매체(인쇄매체, 온라인매체, 음성매체)와 산업(제약, 금융, 제조, 기술) 분야에서 활약한 그녀는 그 자체로 단순화 작업의 상징이 돼버린 수많은 방법론과 기법을 창조했다.

아이린은 단순함을 비즈니스의 장식품이 아니라 한 가지 중요한 목표로 끌어올린 장본인이다. 그녀는 커뮤니케이션에 질서와 엄격함을 새롭게 부여했다. 그리고 여기서부터는 두 사람이 동일한 철학과 비전을 가지고 있다는 점에서 '우리'라는 표현을 쓸 것이다.

대출약정서를 새로 만드는 일이 언론의 주목을 받으면서 1970년대 엄청난 반향이 일어났던 것처럼 우리는 2013년 역시 결정적인 한 해가 되리라 믿고 있다. 소비자는 이제 대기업을 신뢰하지 않으며 정부도 사회의 투명성을 높이겠다고 약속했다. 언제 어디서든 누구나 이용할 수 있는 소셜미디어의 등장으로 2013년은 우리 사회가 변하는 전환점이 되었다. 소비자는 이제 기업이 난해하고 읽기도 힘든 계약서로 자신들을 속이고 있다고 느낄 때 트위터, 페이스북, 블로그를 무기 삼아 그 자리에서 그들과 맞서기 시작했다.

  이 책에는 오늘날 비즈니스와 행정 그리고 개인에게 무엇보다 중요한 일은 바로 단순해지는 것이라는 우리의 믿음이 담겨 있다. 우리 두 사람에게 그 믿음이란 자기 자신에게 완전히 충실해질 수 있는 열정이자 삶의 이상이다. 현명한 결정을 방해하고 가족의 건강과 안전을 위협하며 경제적 위기까지 부르는 사회의 복잡함을 우리가 거부한 것처럼 이 책을 읽는 독자들도 단순함의 가치를 확신하기 바란다.

차례 ____

들어가며 단순함이 이긴다 8

1부
사소하고 단순한 것에 열광하는 사람들

[Chapter 1]
복잡함이 불러온 위기 17
사회는 왜 이렇게 복잡해졌는가?
복잡함이 당신의 일상, 비즈니스, 나아가 사회를 망치고 있다.

[Chapter 2]
단순함을 추구하는 혁신가들 38
삶을 변화시키는 단순함의 혁명
단순함이란 곧장 핵심부터 얘기하는 것이다.

2부
혁신적 단순함은 무엇이 다른가

[Chapter 3]
제대로 공감하라 67
단순함을 위한 첫 단계는 관찰과 공감이다.
내가 혹은 상대방이 진짜 원하는 것을 간파할 줄 아는가?

[Chapter 4]
핵심만 뽑아내라 93
다 잡으려다 다 놓친다.
가장 중요한 핵심만 남기고 나머지는 버려라.

[Chapter 5]
한 가지에만 집중하라 118
'너무 많은 정보'는 변두리만 맴돌게 만들며
애매모호하고 장황한 설명은 무관심을 낳는다.

3부

**단순함을
어떻게
널리 퍼뜨릴 것인가**

[Chapter 6]
단순함을 기업문화로 전파하기 163
기업이 단순해지기 위해서는 기업의 목표가 분명해야 하고
조직 전체에 '단순함의 문화'가 스며들어야 한다.

[Chapter 7]
복잡한 세상에서 현명하게 살아남기 191
소셜미디어를 이용해 일상에서
어떻게 복잡한 것들과 맞설 수 있을까?

마치며 이제는 목소리를 높여야 할 때　208
감사의 말　212
부록 단순함을 추구하는 데 유용한 곳들　214
옮긴이의 말　229
각주　232

1부

사소하고
단순한 것에
열광하는 사람들

[Chapter 1]

복잡함이 불러온 위기

사회는 왜 이렇게 복잡해졌는가?
복잡함이 당신의 일상, 비즈니스, 나아가 사회를 망치고 있다.

1980년 신용카드 계약서는 1.5쪽에 불과했지만 지금은 30여 쪽에 달한다. 사람들은 이제 더 이상 계약서를 읽지 않는다. 그러다 거래가 정지되고 수수료가 올라갔다는 사실만 뒤늦게 깨닫는다.

- 2011년 미 연방통신위원회FCC가 실시한 조사에서 집 전화 사용자들이 공식 허가도 받지 않은 요금에 연간 20억 달러 이상을 지불한 것으로 밝혀졌다. 대부분 청구서가 너무 복잡해서 "돈을 내고 있다는 사실을 전혀 몰랐다."고 한다.[1] 당연히 그랬을 것이다. 기본요금, 지역요금, 특별요금, 기타요금 등 전부 무슨 차이가 있을까? 휴대전화 요금의 절반을 차지하는 각종 세금, 요금, 기타 수수료는 두말할 필요도 없다.

- 집을 가진 이들은 내용도 모른 채 주택소유자 종합보험에 1년에 868달러씩 지불한다. 2007년 미국 보험감독관협의회 NAIC 보고서는 보험가입자 중 절반가량이 보험의 보장 범위와 보상액을 잘 모르고 있다고 발표했다. 협의회는 보험가입자 673명을 대상으로 전화 조사했고 신뢰수준 95퍼센트, 오차범위는 3.8퍼센트였다.
- 2002년 마르퀴스 던슨Marquis Dunson이라는 한 살배기 아기가 목숨을 잃었다. 사건은 부모가 감기 증상을 보이는 아기에게 3일간 유아용 타이레놀을 먹인 후 벌어졌다.² 결국 아기의 부모에게 500만 달러를 배상하라는 판결이 내려졌다. 원고 측은 약병의 라벨에 적힌 문구가 아세트아미노펜 성분의 과다 복용이 간 부전을 일으킬 수 있다는 내용을 제대로 설명하지 않았다고 주장했다. 미 식품의약국FDA은 아세트아미노펜 과다 복용으로 해마다 평균 458명이 목숨을 잃는 것으로 추산한다.
- 「서던메디컬저널Southern Medical Journal」에서 작성한 보고서에 따르면 피부과 의사들은 1년 동안 자신의 이름을 무려 29,376번이나 서명한다.³ 어느 누가 집중력과 판단력을 유지한 채 1년에 30,000번이나 같은 행동을 반복할 수 있을까?
- 미국은 16쪽밖에 안 되는 문서를 기반으로 건국되었고 200년 넘게 운영되었다. 무려 14,000쪽에 달하는 오늘날의 소득세법과 비교하면 0.1퍼센트에 불과한 양이다.

이 사례들의 공통점은 무엇일까? 모두 복잡해진 사회가 어떻게 개인의 주머니에서 돈을 빼가고 기업과 정부를 망가뜨리며 게다가 건강과 생명까지 위협할 수 있는지 보여준다. 사람들은 다가오는 위기를 이제야 알아차리기 시작했다. 정보 공개만이 알 권리의 전부가 아니라고 주장하며 사람들이 처음으로 기사와 트위터나 블로그에서 목소리를 높이고 있다.

하지만 이용당하고 있다고 외치는 것만으로 그 뿌리 깊은 불공정을 없앨 수는 없다. 기껏해야 임시방편일 뿐이다. 사람들은 여전히 그 자리에 머물러 있다.

우리는 복잡한 사회가 이렇게 우리를 지배할 때까지 아무것도 하지 않았다. 기업이나 정부, 조직이나 기관이 우리의 판단력과 권리를 무시해도 가만히 있었다. 해독 불가능한 청구서를 받고서도 순순히 돈을 지불했고 제품을 구입한 뒤 수십 가지 불가사의한 기능들을 애써 못 본 체했다. ARS 서비스의 미로 속을 헤매기도 하고 보험사에서 보상을 받으려고 갖가지 고생을 자처했다.

결국 궁금한 것은 한 가지다. 사회는 왜 이렇게 복잡해졌을까? 대부분은 어쩔 수 없는 현상이라고 대답한다. 심지어 "내 머리로는 무리야. 난 정말 멍청한가봐."라며 자기 자신을 탓할 때도 있다.

사람들은 빙하기가 다가오는 것을 느끼지 못하듯 사회가 복잡해져 심각한 위기가 찾아올 수 있음을 깨닫지 못한다. 번거로운 서류작업은 잠시 지나가는 눈보라일 뿐이라고 여긴다. 그래서 완전히 잘못 알고 있거나 지독한 속임수에 걸리지 않기만을 바라며 그저 가던 길을 걸어간다.

이것은 분명 잘못되었다. 그리고 우리는 이를 위한 강력한 해독제이자 해결책을 이

> 단순한 것은 무엇이든 늘 나의 관심을 불러일으킨다.
> ―데이비드 호크니 David Hockney
> (영국 팝아트 화가)

미 잘 알고 있다. 그것은 바로 단순해지는 것이다.

**단순함은 본질에
초점을 맞추는 것**

그런데 단순해진다는 것은 말처럼 쉬운 일이 아니다. 단순함이란 여러 가지 의미와 뉘앙스를 가진 개념이기 때문이다. 그나마 어떤 것이 간단명료할 때, 즉 목적이나 쓰임새를 한눈에 알아볼 수 있을 때 우리는 그것을 단순하다고 얘기한다. 그리고 아주 넓게 본다면 단순함은 본질을 의미한다. 핵심으로 곧장 들어가 딱 한 사람에게만 얘기하듯 중요한 알맹이만 골라내는 것이다.

그리고 단순함은 객관적으로 존재하는 것이 아니라 자신감, 신뢰, 만족처럼 자신의 생각에 달려 있는 것이다. 동의어도 없다. 단순하다는 것은 편리하다거나 간단하다거나 쓸모가 있다거나 시기가 적절하다거나 아름답다는 것만으로 전부 설명할 수 없기 때문이다.

단순함 속에는 이 모든 요소가 전부 들어 있고 그래서 대단히 희귀하다. 아마도 투명함 transparency(핵심을 드러내는 것)과 명료함 clarity(단순하고 명확한 의미를 전달하는 것)과 유용성 usability(원래의 목적에 충실하게 만드는 것)을 가지고 있을 때 비로소 단순하다고 말할 수 있을 것이다.

무언가를 단순하게 만들려면 명료하고 정직한 태도를 유지해야 한다. 원칙과 지성도 존중해야 한다. 역사적으로 위대했던 인물들 중 몇몇은 이 사실을 잘 알고 있었다.

간소한 것과
단순한 것은 다르다

스티브 잡스Steve Jobs는 21세기에 그 누구보다 열정적으로 단순함을 추구했다. 다른 회사들이 쓸데없는 기능을 추가하며 복잡한 제품을 만들고 있을 때, 애플은 세 개의 버튼을 단 하나로 줄였고 복잡한 용어 대신 누구나 이해할 수 있는 아이콘을 도입했다. 그들은 날렵하고 단순한 제품으로 소비자가 원하는 것에 남들보다 한발 먼저 다가설 수 있었다.

애플의 전 최고경영자였던 존 스컬리John Sculley는 잡스를 "최대한 단순해질 때까지 쓸데없는 요소를 계속해서 제거하는" 미니멀리스트minimalist(최소한의 요소만 사용해 최대의 효과를 만들어내려는 사고방식의 소유자-옮긴이)라고 평가했다.

그리고 스컬리는 다시 한 번 강조했다. "제 말은 간소Simplistic해진 것이 아니라 단순Simplified해졌다는 겁니다." 한마디로 단순한 것과 간소한 것은 엄청난 차이가 있다는 뜻이다.[4] 그리고 그 차이란 본질과 진정한 의미를 간파하는 능력에 있다. 단순하게 만들려면 오직 본질에 초점을 맞추고 나머지 요소들을 과감하게 없애야 한다.

지난 몇 년간 우리는 단순함이란 하나의 철학이자 근본원칙이며 삶의 방식이 될 수 있다는 사실을 깨달았다. 그리고 여러 가지를 경험하면서 단순함이 비즈니스와 행정 그리고 우리의 삶을 변화시킬 수 있다는 것도 깨달았다.

그 어느 때보다 모두가 단순해지길 원하고 있다. 우리는 단순해질 수 있다. 그리고 반드시 단순해져야 한다.

- 애플의 앱스토어App Store(응용 프로그램 온라인 상점)에는 425,000개가 넘는 애플리케이션(음악재생 프로그램이나 게임처럼 스마트폰에서 사용할 수 있는 응용 프로그램 – 옮긴이)이 존재한다.
- 치즈케이크 팩토리Cheesecake Factory(미국 레스토랑 업체)에서는 런치와 브런치 메뉴를 빼고도 241가지 메뉴를 고를 수 있다.
- 화장품 전문매장 세포라Sephora를 방문하면 마스카라 223종, 로션 454종, 향수 367종을 만날 수 있다.
- 미국의 의료보장제도 메디케어Medicare와 메디케이드Medicaid는 14,568개의 진단 코드를 사용한다.
- 신용카드 이용약관의 평균 길이는 111쪽이다.

사회는 이제 각자 어떤 결정을 내려야 할 정도로 복잡해졌다. 무엇이 자신의 삶에 영향을 주는지 파악하지도 못하고 그냥 포기할 것인가? 아니면 단순한 일상과 경제생활을 되찾으려고 노력할 것인가? 이 책은 단순함의 철학을 우리의 삶에 어떻게 적용할 수 있는지 안내할 것이다. 다시 말해 단순함이 어떻게 세상을 바꾸고 어째서 이득인지 설명할 것이다. 이 책에 담긴 메시지가 복잡해진 우리의 일상과 사회를 단순하게 만들려는 운동의 도화선이 되기를 바란다. 글씨가 작아서 읽을 수도 없는 각종 계약서에 질려버린 고객이라면, 복잡한 제품이나 약관과 커뮤니케이션으로 고객과 멀어지는 것이 아니라 그들에게 더 가까이 다가가려는 경영자라면 여러분이 바로 이 운동의 첫 번째 주자다.

반대로 형식이나 절차를 지나치게 강조하는 정부 관료나 난해한 법률용어를 당연하게 여기는 변호사라면 마음을 굳게 먹기 바란다. 이 책은 당신들이 하고 있는 행위의 실체와 그 이유를 폭로할 것이고 앞으로 똑같은 행위를 되풀이하기 어렵게 만들 것이다.

시티은행의 의뢰를 받아 대출약정서를 단순하게 만들었던 우리의 첫 번째 작업이 성공을 거두자 정부를 비롯해 거의 모든 분야의 기업들이 비슷한 작업을 의뢰하기 시작했다. 국세청 Internal Revenue Service은 우리와 함께 한 장짜리 세금신고서 양식을 개발했고 통계국 U.S. Census Bureau도 문서 양식을 단순하게 만드는 작업을 의뢰했다. 이 분야에서 우리는 전문가로 명성을 얻기 시작한 것이다. 잡지 「피플 People」에서는 앨런 시걸(이 책의 공동 저자)을 '쉬운 말 지킴이 Mr. Plain English'라고 부를 정도였다.[5]

앨런은 카네기멜론 대학교에서 커뮤니케이션 이론과 인지심리연구에 기업경영을 접목시킨 커뮤니케이션 디자인 센터 Communication Design Center를 설립했고 학생들은 그때 새로운 직업이 탄생했음을 알게 되었다. 우리는 거기서 '단순함 설계도 Simplification Blueprint'라는 기법을 고안하고 발전시켰다. 또한 '단순함 연구소 Simplicity Lab'를 만들어 그곳에서 어떤 개념이나 커뮤니케이션 방식이 분명하고 효과적인지 테스트했다. 단순함 설계도 기법은 매체, 속도, 어조, 구성, 고객맞춤 같은 요소들을 종합적으로 고려해 커뮤니케이션의 방법과 시점을 결정하는 전략이다. 단순함 연구소는 온라인으로 사람들의 인식을 분석해 연

> 복잡한 것 속에는 단순해질 필요가 없는 부분도 있고 온힘을 다해 단순하게 만들어야 하는 부분도 있다.
> 올리버 웬델 홈스 Oliver Wendell Holmes (미국 소설가)

1부 사소하고 단순한 것에 열광하는 사람들

구자들에게 실용적 지식을 제공한다. 우리는 이렇게 지난 30년 동안 현장에서 개인과 기업, 정부가 어떻게 복잡함이 초래한 위기에 대처하고 있는지 지켜봐왔다.

그리고 그 안에서 중요한 교훈을 몇 가지 얻었다.

단순함이 사람을 '바보로 만든다'는 생각은 잘못된 것이었다. 단순한 것은 명료함, 접근성, 유용함을 높일 수 있는 지름길이다. 언어능력이 떨어지고 교육을 받지 못한 이들뿐만 아니라 모든 사람에게 혜택이 돌아갈 수 있다.

하지만 단순함을 법으로 도입하자는 주장은 문제가 있다. 정부 관료들은 틈만 나면 획일적 문서 작성 규칙을 만들고 그것을 강요하거나 중요한 부분을 모조리 대문자나 굵은 글씨로 바꿔버리기 일쑤다. 리스크를 감수하지 않으려는 사회 분위기가 만들어낸 그런 시도들은 근본 취지에도 맞지 않을뿐더러, 기업들의 관심을 진정한 의사소통과 소비자 이해에서 어떻게 하면 법률을 어기지 않을까 하는 걱정으로 변질시켜버렸다.

처음으로 돌아가는 것이 무엇보다 중요하다. 혁신적으로 단순해지려면 먼저 기존의 제품과 서비스를 돌아보고 그것들이 현실을 반영하는지 따져봐야 하기 때문이다. 유명무실한 규칙을 폐기하고 시대착오적인 비즈니스 관행에 의문을 제기하라. 그리고 관성적인 사고를 경계하라.

단순함의 원칙은 종이문서와 전자문서, 음성매체와 시각매체에 상관없이 모든 커뮤니케이션에 적용될 수 있다. 계약서든, 설명서든, 터치스크린이든, 자동응답 시스템이든 상관없다. 은행 ATM기도 약병의 라벨도 내비게이션의 화면도 전부 커뮤니케이션의 한 방식일 뿐이다. 가전제품, 자동차, 의약품, 식품 같은 제조업이나 호텔, 병원, 온라인쇼핑 같은 서비스업도 단순함을 추구하면 전부 개선될 수 있다.

> 모든 것은 최대한 단순해야 한다. 그러나 너무 단순하면 안 된다.
> 앨버트 아인슈타인 Albert Einstein

단순해지면 비용은 줄어들고 고객의 충성도는 올라간다. 직원들은 전보다 효율적으로 일할 수 있게 되고 다른 회사보다 빠르게 움직일 수 있어 경쟁력도 올라간다.

복잡함은 반드시 검거해야 할 범죄자다. 복잡함은 사람들에게서 시간과 돈, 인내심과 이해력 그리고 자신감을 훔쳐간다. 그래서 우리는 늘 단서를 수집하고 있다. 왜 이렇게 사건이 복잡해졌는지, 범행 동기는 무엇이며 어떻게 하면 더 큰 범죄가 발생하기 전에 범인을 잡을 수 있는지 알기 위해서다.

단순함은 인간관계에서도 꼭 지켜야 할 원칙이다. 누구나 상대방이 뭘 제공했고 뭘 기대하는지 알고 싶어 한다. 단순해지면 그것을 분명하게 알 수 있고 사람과 사람 사이의 거리도 가까워진다. 커뮤니케이션, 제품 디자인, 고객 서비스 등 모든 일에 인간미를 불어넣을 수 있는 것이다.

그래서 복잡한 것을 단순하게 만들려면 시간을 투자해야 한다. 그래야 물건이든 행동이든 편지든 제스처든 그 속에 자신의 의도를 정확하게 담을 수 있다.

단순하다는 것은 구조의 아름다움일지도 모른다. 방대한 정보를 빈틈없이 엮어 다른 이에게 전달하는 모습은 생물학의 분류법(계문강

> 바쁠수록 단순해져라.
> 단순함은 남들보다
> 앞서나갈 수 있는
> 경쟁력이 된다.
> 아카디 쿨만 Arkadi Kuhlmann
> (ING 다이렉트 USA 최고경영자)

목과속종)만큼 정교해 보인다. 지구상의 모든 생물도 겨우 일곱 단계로 분류할 수 있는데, 다른 일을 그렇게 하지 못할 이유가 어디 있겠는가?

인간관계에서 "남에게 대접받기 원하는 대로 남을 대접하라"는 황금률을 따르는 것이 괜찮기는 하다. 그러나 단순함은 비즈니스를 좌우하는 대단히 중요한 요소다. 이 책에서 수없이 많은 사례를 접하겠지만 단순한 제품과 서비스 그리고 커뮤니케이션을 추구할 때 기업은 고객과 더 끈끈한 관계를 맺을 수 있다. 상품과 서비스가 단순하고 명료하면 고객을 상대하는 시간도 그만큼 단축되고 그 결과 생산성은 올라간다. '적을수록 좋다less-is-more'는 모토를 추구하기 때문에 효율성도 올라간다. 또한 불필요한 부분을 제거하면 비용도 줄어들고 오직 회사와 목표에만 집중할 수 있다. 마지막으로 고객도 언제나 더 나은 만족을 얻게 된다.

그러나 단순해지는 것은 기업만의 문제가 아니다. 관료적 정부, 혼란스러운 의료기관, 해석 불가능한 청구서와 신청서, 수상한 계약서, 기능이 너무 많은 제품과 날마다 씨름하고 있는 사람들에게 단순함은 일상의 문제이기도 하다. 복잡해진 사회는 태어날 때부터 사람들을 괴롭히기 시작한다. 학자금 대출로 빚더미에 내몰린 대학생부터 메디케어Medicare(고령층을 대상으로 하는 미국의 사회의료보장제도-옮긴이)의 복지혜택을 포기하는 노인까지 갖가지 피해가 발생하고 있다. 한마디로 지금보다 더 단순해져야 하는 것 투성이다.

그렇다면 왜 세상은 계속 복잡해지고 있는가?

간단히 대답할 수 있는 문제는 아니다. 다양한 사회적 원인과 잘못된 관념, 태도, 동기가 복잡함의 피해를 키우고 단순함이 설 자리를 빼앗고 있다. 게다가 한 가지 원인은 다른 곳에서도 똑같이 작용해 피해가 발생하면 기업, 정부, 개인의 영역을 가리지 않고 확대된다.

어떤 문제를 해결하려면 먼저 원인부터 살펴야 한다. 현재의 위기는 다음과 같은 이유로 더욱 심각해지고 있다.

단순함은 편함이 아니다

단순해지려면 환경을 조직하고 명확하게 만들어 쓸데없는 요소를 없애야 한다. 전체적인 그림도 볼 줄 알아야 한다. 그런데 사람들은 원래 편한 길을 선택하기 마련이다. 그리고 그때의 편한 길이란 예를 들어 제품이 최대한 단순해질 때까지 몇 번이고 처음부터 다시 디자인하는 그런 일은 아닐 것이다. 장애물이 가장 적은 길을 선택하려는 인간의 본능은 기업과 고객의 행동 모두에 영향을 미친다. 자신의 능력에 취해버린 엔지니어도 마찬가지다. 그들은 고객의 요구가 아니라 단지 할 수 있다는 이유만으로 계속해서 불필요한 기능을 추가한다.

복잡한 것에 맞서기보다 분명히 못 본 척하거나 참고 지내는 것이 훨씬 편할지 모른다. 그러나 시간이 흐르면 그 '편한' 길에는 걷기 힘들 정도로 복잡함이 무성하게 자라나 결국 길 자체가 없어진다. 바로 지금 우리가 걸어가고 있는 길이 그렇다.

**학습된 무기력은
단순함의 적이다**

　　　　　　인간은 경험을 통해 배운다. 그래서 어떤 장애물에 계속 부딪히다 보면 인간의 뇌는 그 장애물이 사라져도 계속 존재한다고 여긴다. 법률서류를 읽다가 몇 차례 좌절감을 느낀 사람은 앞으로 다른 어떤 법률서류도 이해하지 못할 것이라 단정한다. 따라서 굳이 이해하려고 애쓰지 않는다. 바로 심리학에서 '학습된 무기력'이라고 부르는 현상이다. 오랫동안 유리병에 갇혀 있던 벌은 뚜껑을 열어도 밖으로 날아가지 않는다.

　사람들은 이른바 '마스터master(대가)' 콤플렉스를 갖고 있어 복잡한 것을 오히려 신뢰하는 경향이 있다. 「뉴욕타임스」 기자 데이비드 시걸David Segal은 "난해한 아이디어나 물건을 만났을 때 사람들은 그것을 날카롭고 뛰어난 지성의 결과물로 여긴다."고 말했다.[6] 이상한 일이다. 뛰어난 지성을 가졌다면 누구나 이해할 수 있는 방식으로 자신의 생각을 전달할 수 있었을 것이다. 일부러 그렇게 만들지 않았다면 복잡한 것은 피해야 할 결점일 뿐이다.

**복잡함은
돈벌이 수단이다**

　　　　　　일부 기업은 제품과 서비스를 일부러 복잡하게 만든다. 안타까운 사실이지만 은행, 카드사, 보험사, 그밖에 많은 기업이 읽을 수도 이해할 수도 없는 계약서를 제시해 돈을 벌고 있다. 그들은 고객이 미심쩍은 내용을 주목하지 않고 그냥 지나치도록 고객을 혼란스럽게 만든다.

복잡함이 은폐 수단으로 이용되면 개인이 피해를 입는 것은 물론이고 사회 전체도 연쇄적으로 엄청난 피해를 입을 수 있다. 일반대출이나 주택담보대출에 숨어 있는 단서조항들은 개인의 파산을 유도해 결국 경제 전체를 무너트릴 수 있다. 사기꾼뿐만 아니라 우리에게 부채담보부증권collateralized debt obligation: CDO(미국 주택담보대출에 기초해 만들어진 파생금융상품으로 2007년 금융위기의 주범으로 지목되고 있다.-옮긴이) 같은 위험한 금융상품을 선사한 '혁신가'에게도 복잡함은 유용한 도구다. 영국의 저명한 역사학자이자 작가인 폴 존슨Paul Johnson은 개인과 기업이 복잡함을 이용해 자신들의 "잘못된 판단과 무능력, 허술한 리스크 관리를 은폐한다."고 지적했다.[7]

복잡함은 보호막으로 사용된다

변호사들은 소송이나 다른 잠재적인 문제를 피할 수 있다며 권리포기와 정보공개조항, 거래조건과 주의사항, 수정안과 그 수정안의 수정안까지 지루한 항목들을 한가득 늘어놓는다. 일어날 확률이 아무리 낮아도 만일을 대비해 모든 상황을 미리 가정해야 한다는 것이 그들의 취지다. 보험업계 소비자 운동가이자 법학과 교수인 대니얼 슈워츠Daniel Schwarcz는 계약서에 담겨 있는 "보수주의, 변화기피, 정보보호 같은 독특한 분위기"를 예로 든다. 그는 보험사가 지금보다 더 투명해져야 한다고 강조하며 이렇게 말한다. "보험사로부터 이런 말을 많이 들을 겁니다. '소송이 제기될 수 있어요. 집단소송에 실속도 없는 법정다툼에 휘말리겠죠.' 문제는 이게 옳은 얘긴지 따질 시간조차 없다는 겁니다."[8]

복잡함은 복잡함을 낳는다

"복잡함은 슬그머니 기어 올라옵니다." 유타 대학교의 인류학자 조지프 테인터Joseph Tainter의 말이다. 자신의 저서 『문명의 붕괴The Collapse of Complex Society』(대원사 역간)에서 그는 한때 융성했던 문명도 복잡함 때문에 결국 무너졌을지 모른다고 설명한다.[9] 사회가 복잡해지는 것은 기존의 시스템을 걷어내고 새롭게 시작해야 하는 번거로움을 아무도 떠맡으려 하지 않기 때문이다. 기업과 정부도 그저 계속 수정하거나 새로운 내용을 덧붙이는 것이 상책이라고 여긴다. 심지어 실효성도 없고 출처도 알 수 없는 규정과 정책이 나타나도 마찬가지다.

예를 들어 세법을 생각해보자. 전국 납세자보호 운동가이자 미국 국세청에서 감찰관을 맡고 있는 니나 올슨Nina E. Olson에 따르면 미국의 세법은 지난 10년 동안 그 길이가 140만 단어에서 380만 단어로 거의 3배나 증가했다. 그녀는 미국인이 세금신고서를 작성하는 데 매년 61억 시간을 허비한다고 추산했다. 300만 명이 풀타임으로 1년 동안 일하는 것과 같다.[10] 실질적으로 임금을 낮추고 편법도 조장하는 셈이다. 세금탕감write-off, 세금회피loophole, 세금공제deduction 등 1조 달러 이상의 돈이 국고에서 사라진다. 미 국세청에서 펴낸「납세자 신고요건 보고서Taxpayer Filing Attribute Report」에 따르면 이 모든 번거로움 때문에 소득신고서를 작성할 때 납세자의 60퍼센트가 다른 사람을 고용하며 32퍼센트는 컴퓨터 프로그램을 사용한다. 심지어 국세청장 더글러스 슐만Douglas Shulman조차 인터뷰에서 자신도 소득신고서를 작성할 줄 모른다고 시인했다. 단지 "너무 복잡하다."는 것이 그 이유였다.[11]

정보가 많다고
좋은 게 아니다

판결문에서 설명서에 이르기까지 지나치게 많은 정보를 주는 것이 유행처럼 번지고 있다. 정보가 많으면 이해도 빠를 것이라 생각한다면 착각이다. 사람들은 반대로 정보가 너무 많을 때 뭘 해야 할지 몰라 당황한다. 단순 명료해지는 것이 아니라 모호해지기만 할 뿐이다. 사람들은 눈을 감아버리고 아예 관심조차 주지 않을 것이다.

대표적인 사례는 대법원 판결문이다. 판결문이 길수록 의미가 오히려 불분명해진다는 사실이 입증되고 있다. 1954년의 브라운 대학 교육위원회 사건Brown v. Board of Education(미국에서 100년 동안 유지되던 '분리하되 평등'이라는 인종차별정책을 폐지한 미 연방대법원의 역사적인 판결 – 옮긴이)에서 대법원의 판결문은 4,000단어를 넘지 않았다. 2007

년 연방대법원은 비슷한 사안에 대해 다시 심사하게 되었고 그때 발표한 판결문의 길이는 47,000단어였다. 이는 특별한 사례가 아니다. 최근 「뉴욕타임스」에 실린 기사에 따르면 법원 판결문들의 평균 길이를 조사한 결과 사상 최고치를 기록했다고 밝혔다. 그러나 더 놀라운 사실은 판결문이 길어졌지만 그 내용은 오히려 "모호하고 적용하기 어려워져" 종종 하급 법원에 명확한 지침을 내려주지 못한다고 전문가들이 지적한다는 것이다.[12]

복잡한 법률 용어가
안전을 보장하지 않는다

시티은행과의 프로젝트에서 우리는 이미 변호사들의 습성을 파악할 수 있었다. 물론 우리는 은행의 서류를 단순하게 만들었고 고객들도 만족시켰지만 우리를 도와준 두 명의 변호사가 없었더라면 그 프로젝트는 결코 성공하지 못했을 것이다.

거기서 우리는 사회를 복잡하게 만드는 대표적 원인을 하나 찾아냈다. 바로 법률제도다. 변호사들은 종종 단순한 언어를 사용하자고 제안할 때마다 그러면 법을 지키기 힘들어진다고 주장한다. 하지만 실제로는 단순한 언어로 풀어쓴 법률서류도 널리 이용되고 있다.

은행을 비롯해 모든 대기업과 정부에 영향을 미치고 있는 이 문제 속에는 변호사들의 강박관념, 즉 모든 경우의 수에 대비하려면 복잡한 말과 용어를 사용할 수밖에 없다는 생각이 들어 있다. 변호사들은 집단소송이라는 유령을 불러내 겁을 주고 나머지는 전부 덜 중요한

> e. 물리치료
> f. 고주파 치료
> g. 초음파 치료
>
> 위에 열거되지 않은 어떤 항목도 요금에 포함되지 않으며 아래의 항목이 포함되지만 제한받지 않는다.
>
> a. 모든 의료장비 및 의료장비의 조정
> b. 모든 전자 물리치료장비
> c. 교합분석
> d. 근육검사
>
> 보장기간 내 모든 외과적 및 비외과적 처치에 대한 부담액은 가입자 1인당 연간 1,000달러 이하로 제한된다.

그림 1-1 숨 막히는 법률조항. 한 문장에 '않는다'가 세 번, '포함되다'가 두 번 들어가 있어 문장을 이해하려면 머릿속이 복잡해진다.

문제로 만들어버린다. 그들은 법률용어를 사용하는 것이 안전을 보장할 수 있는 유일한 커뮤니케이션 방식이라고 주장하지만 결국 커뮤니케이션 자체를 없애버린다.

변호사든 일반인이든 그림 1-1에 실려 있는 건강보험 약관의 내용은 누구나 이해하기 어렵다. 한 문장에 '않는다'가 세 번, '포함되다'가 두 번 들어가 있어 문장을 이해하려면 머릿속이 복잡해진다. 그 문장을 커뮤니케이션이라고 부르기는 힘들어 보인다. 경영자들에게 이렇게 중요한 커뮤니케이션 문제를 어째서 변호사에게 맡기냐고 물어보면 엄청난 돈이 걸려 있는 문제이기 때문이라고 대답한다. 기업이 고객과의 커뮤니케이션을 복잡하게 만드는 바람에 엄청난 돈을 길바닥에 버리고 있다는 점에서 맞는 말이다.

최근 한 연구조사에서 응답자의 80퍼센트가 은행이 신용카드 및 대출업무의 서류작업을 더 단순하게 만들어야 한다고 답했다.[13] 단순해지려고 노력할 때 기업은 고객을 계속 붙잡을 수 있다. 고객은 기업이 고객에게 집중하고 있다는 것을 깨닫고 더 많은 상품을 구매할 것이다. 마찬가지로 회사의 직원도 자신이 잘 알고 있는 상품과 서비스를 판매할 때 더 큰 만족감을 느낄 것이다.

전문용어의
범람으로 인한 피해

누군가와 관계를 맺으려면 그 사람의 언어를 써야 한다. 그래서 전문용어를 쓰는 것은 기업과 정부가 자기들만의 언어로만 얘기하겠다는 것이나 다름없다.

조직에서 일하다 보면 아무래도 전문용어를 쓰기 마련이고 그것은 누구에게도 피해를 주지 않는다. 그러나 안에서만 쓰던 용어를 바깥에서도 쓰기 시작하면 문제가 생긴다. 이 현상은 반드시 일어나며 한번 시작되면 걷잡을 수 없다. 사실상 기업이 자기들만 아는 언어를 대중 앞에서 쓰는 셈이다.

부동산처럼 간단해 보이는 분야조차 혼란스럽다. '부동산업자$_{realtor}$'는 정확히 무슨 뜻인가? 대행자나 중개인과 무슨 차이가 있으며 '공인된 구매 대행인'과는 또 어떻게 다른가? 부동산과 관계있는 전문직의 명칭은 CBR, C-CREC, CEBA, CRP, CBA, CRS, ABR, GRI처럼 적어도 8가지나 된다. 대다수에게는 알파벳 모양의 건더기가 들어 있는 어린이용 수프처럼 보일 뿐이다.

그런데 조직에서 일하는 많은 사람이 전문용어를 명예로운 훈장쯤으로 여기고 전문용어를 유창하게 구사하는 데서 자부심을 느낀다. 예를 들면 월스트리트의 금융인들이 국세청의 과세조항에 대해 얘기할 때 401(k), 403(b), 529s 같은 용어를 사용하는 경우다. 보험사도 완전보상, 기업포괄 배상책임보험, 배서, 특약, 자기부담금 같은 용어를 사용한다. 하지만 외부인은 전문용어를 완전히 다른 의미로 받아들일 수 있다. 자기부담금deductible이란 명칭은 보험사 입장에서는 가입자에게 지급할 보험금에서 공제한 금액을 의미하지만, 가입자들은 보험금을 받기 전 자신들이 내야 할 돈으로 생각한다. 큰 차이가 있지 않은가? 전문용어를 사용하는 것은 공감의 부족, 다시 말해 상대방이 어떻게 자신의 메시지를 받아들일지 별로 고려하지 않는 전형적인 태도다.

중요한 메시지가 잘못 해석되면 다른 영역에 있는 사람들과 협력하는 것도 불가능해진다. 9·11 테러가 일어났을 때 경찰들이 쓰는 용어가 장애물로 작용했다. 응급구조대도 각자 다른 용어를 사용해 다른 구조대와 소통하는 것이 불가능했다. 많은 지방정부가 기존의 무전통신규칙인 '10-코드'를 버리고 현재 이해하기 쉬운 용어를 도입하고 있는 것은 그나마 다행스러운 일이다.

의료 분야에서는 문제가 특히 심각하다. 쉬운 용어조차 상황에 따라 혼동될 수 있기 때문이다. 1도 화상과 3도 화상 중 어느 것이 더 심각한 증상인지 얼마나 자주 헷갈렸던가? 유명한 배우이자 과학광(狂)이기도 한 앨런 알다Alan Alda는 과학 분야에서 과학적 지식을 설명할 때 불가사의한 주제를 똑같이 불가사의한 내용으로 대체할 것이 아니라 정말로 이해할 수 있도록 쉽게 설명해야 한다고 요구했다. 그는 어릴 때 선생님에게 "불이 무엇인가요?"라고 물어보자 "산화작용이지."라는 답변이 돌아왔다며, 아무것도 분명하게 알려주지 않는 그저 용어만 바꿔서 설명하는 풍조가 학계에 얼마나 만연해 있는지 재치 있게 설명했다.[14] 전문가라면 당연히 상대방을 고려해 자신의 메시지와 어휘 그리고 내용을 적절한 수준으로 조정할 수 있어야 한다.

사회를 더욱 복잡하게 만들고 있는 이 모든 원인과 상황을 돌이켜 볼 때 과연 해결책이 있을까 하는 의문이 든다. 한 번 복잡해진 것은 결코 다시 단순해질 수 없을 것 같다. 하지만 우리는 그렇지 않다는 증거를 이미 갖고 있다. 이 책에 나오는 회사들은 한때 어수선했고 복잡했지만 지금은 훨씬 단순해지는 데 성공했다. 복잡했던 제품은 단순하고 더 훌륭한 제품으로 변신했고 복잡했던 서류도 쉽게 이해할 수 있는 커뮤니케이션 수단으로 바뀌었다. 복잡한 요소들은 제품 생산 공정의 초기 단계인 상류 단계로 이동한다. 최종 이용자의 눈에는 그 복잡함이 보이지 않는 것이다. 자동차에 시동을 걸기 위해 열쇠를 돌리는 행위는 단순해 보이지만 그 속에는 여러 가지 복잡한 원리와 과정이 숨어 있다. 고객에게 초점을 맞춘다는 것이 무엇인지 보여주는 대표적 사례다.

가장 복잡한 것도 진정한 요구와 노력이 따른다면 단순해질 수 있다. 확실한 증거도 하나 있다. 금융 산업은 대단히 복잡하다. 그래서 누구나 방대한 계약서와 전문용어, 복잡한 서류작업이 없으면 금융거래는 불가능할 것이라 여긴다. 하지만 금융위기가 심각한 상황에 이르자 정부 관료들은 마침내 단순함의 모범이라 할 만한 부실자산구제 프로그램Troubled Asset Relief Program: TARP을 만들었다. 네 가지 핵심 사항이 간결하게 표현된 이 문서는 겨우 두 페이지밖에 안 된다. 이 문서에 근거해 미 재무성은 거대 은행에 500억 달러 규모의 자금을 지원할 수 있었다.

결론은, 의지만 있다면 방법은 늘 있다는 것이다. 단순해지는 것이 모두에게 이익이라는 사실을 사람들에게 확실히 각인시켜야 한다. 한 가지 방법은 단순함이 혁신의 새로운 원천이라는 사실을 알리는 것이다. 혁신적으로 단순해질 때 기업과 정부뿐만 아니라 사실상 모든 활동에서 더 나은 결과를 가져올 수 있고 나아가 한 차원 더 높은 수준의 혁신을 불러일으킬 수 있다.

[Chapter 2]

단순함을 추구하는 혁신가들

삶을 변화시키는 단순함의 혁명
단순함이란 곧장 핵심부터 얘기하는 것이다.

뉴욕 브루클린의 한 허름한 창고에서 붉은 턱수염에 호주 억양을 쓰는, 겉모습만 보면 영화에 나오는 미친 과학자 같은 조시 라이히Josh Reich라는 젊은이가 새로운 은행을 만들고 있다.[1]

은행은 우리의 삶을 복잡하게 만드는 데 남다른 재주가 있다. 입이 떡 벌어질 만큼 많은 수수료를 챙기고 최소잔액조항이나 벌칙금을 자세하게 적어놓은 이해할 수 없는 약관을 들이민다. 그런데 라이히는 이 모든 게 우연히 발생한 것이 아님을 깨달았다.

"은행은 사람들이 계속 혼란에 빠져 있길 바랍니다." 빈 종이 박스를 간이탁자로 사용할 만큼 단출한 사무실에서(회사 이름도 심플Simple이다) 그는 이렇게 말했다. "은행은 수수료로 돈을 법니다. 고객이 실수할 때마다 돈을 벌 수 있는데 굳이 그런 관행들을 바꿀 필요가 있을까요. 오히려 혼란을 더 키우겠죠."

대부분 "은행이 원래 그렇지 뭐."라고 체념하면서도 그의 말에 동의할 것이다. 하지만 심플이라는 이름에서 알 수 있듯이 라이히는 고객이 단순하고 명료한 경험을 얻을 수 있도록 새로운 형태의 은행을 구상하고 있

> 바보라도 머리가 조금 돌아간다면 더 크고, 더 복잡하고, 더 과격하게 만들 수 있다. 하지만 반대로 하려면 천재적 손길과 엄청난 용기가 필요하다.
> E. F. 슈마허 E. F. Schumacher
> (영국 경제학자)

다. 그의 회사는 기존의 업무절차와 시스템에 구애받지 않고 모든 것을 처음부터 다시 고민한다. 그리고 날마다 마주치는 은행의 번잡함과 성가심을 제거하려고 최선을 다하고 있다. 예를 들면 심플은 초과인출 수수료 overdraft fee (결제금액이 잔액이나 신용한도를 초과할 경우 은행이 대신 결제를 해주고 수수료를 부과한다. – 옮긴이) 같은 비용을 고객에게 청구하지 않는다. 대부분의 은행이 평균 39가지 수수료를 부과하는 것과 상당히 대조적이다.

그밖에도 라이히는 최신 기술을 활용해 거래기록을 정확히 기억하는 일이나 예금을 이리저리 옮겨 늘 최대 이율을 유지하는 일처럼 고객이 미처 챙기지 못했던 사소한 업무까지 처리할 수 있도록 돕고 있다. 심플의 고객은 단 하나의 계좌만 갖고 있으며 전산 시스템이 고객이 설정한 기준에 따라 그 계좌를 관리해 지속적으로 투자결정을 내리고 포트폴리오를 조정한다.

라이히는 이렇게 말한다. "우리는 은행이 고객에게 너무 많은 선택권을 준다는 생각에서 출발했습니다. 평범한 사람이라면 보통 신용카드와 계좌가 여섯 개쯤 될 겁니다. 개인계좌와 부부가 함께 쓰는 계좌가 있을 테고, 마일리지 카드와 직불 카드도 있겠지요. 하지만 정보가 충

분치 않고 그 모두를 관리할 시간도 없을 겁니다." 사람들은 한 가지를 더 가지고 있다. 바로 죄책감이다. 라이히는 사람들이 자신의 재무 상황을 제대로 챙기지 못할 때 불안감을 느낀다는 사실에 착안했다. 그래서 심플은 고객의 불안감을 덜어주려고 노력한다.

심플의 서비스는 거의 모든 부분이 기술적으로 운영된다(반드시 스마트폰이 있어야 한다). 심플의 고객이 되려면 금융 서비스를 이용할 때 갖고 있던 습관도 바꿔야 한다. 특별한 경우가 아니라면 수표를 발행하는 것이 상당히 힘들고 거래내역을 종이문서로 받아보려면 꽤 큰 액수인 20달러를 지불해야 한다. 하지만 이 새로운 패러다임에서는 소비자도 사고방식을 바꿔야 한다. 심플은 "월급이 통장에 들어왔나요?"와 "현재 잔고가 얼마죠?"처럼 고객들이 가장 자주 묻는 질문의 답을 온라인이나 전화통화로 알 수 있도록 만들었다(스마트폰 앱이나 웹사이트 화면의 가장 윗부분에 있는 '쓸 수 있는 금액' 항목은 자신이 정확히 얼마의 돈을 걱정 없이 지출할 수 있는지 사용자에게 알려준다).

라이히에게는 현금이 가득 들어 있는 금고나 단단한 벽으로 둘러싸인 건물이 필요 없을 것이다. 그는 다른 은행과 파트너십을 맺어 그들에게 현금취급 업무를 맡긴다. 대신 그가 집중하는 것은 고객과의 상호작용이며 이를 위한 방법은 대부분 디지털 방식으로 처리할 것이다. 이 전략은 고객과 회사 양쪽 모두를 단순하게 만들었다. 회사는 고객들에게 심플이 쉽게 이용하고 접근할 수 있는 서비스란 확신을 심어주고 그들이 최대한 만족스러운 경험을 얻도록 하는 데 회사의 노력과 자원을 집중시킨다.

심플의 홈페이지는 사용하기 쉽고 양방향 소통이 가능하도록 제작

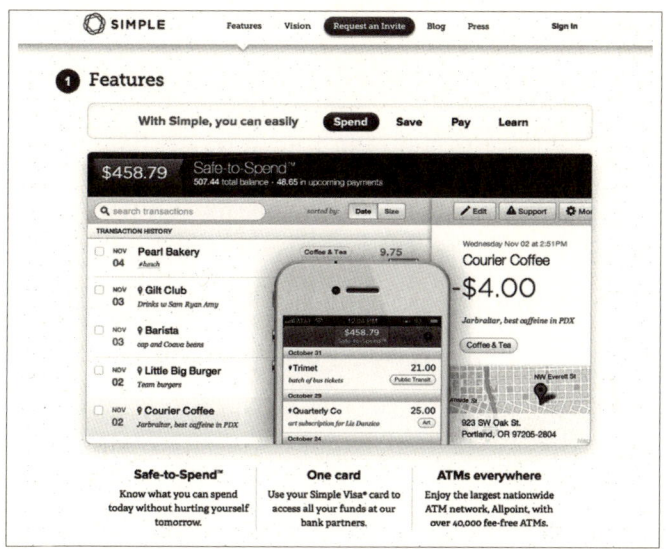

그림 2-1 Simple.com의 홈페이지. 고객이 언제 어디서 물건을 구매했는지 알 수 있도록 거래내역 옆에 지도가 표시되어 있다.

되었다. 발전된 검색기능을 갖추고 있으며 스크롤 한 번으로 자신의 재무상황도 간단히 업데이트할 수 있다. 가령 지난 주 목요일 백화점에서 얼마를 썼는지, 어느 계산대를 이용했는지까지 파악할 수 있다. 고객에게 과연 그런 2차적인 정보가 필요할까? 필요 없을 수도 있지만 정보가 어디에 있는지 아는 것만으로도 고객은 안심할 수 있다. 하지만 어떤 경우든 대다수 은행들이 다짜고짜 넘겨주는 온갖 정보들과 비교하면 심플의 정보는 고객 한 사람 한 사람에게 맞춰져 있고 그래서 언젠가는 쓸모가 있다는 점에서 큰 차이가 있다.

라이히는 기술적인 요소를 적절히 활용하면 단순함을 높일 수 있다는 사실도 알고 있지만 종종 사람과 사람이 직접 만났을 때 가장 쉽게 문제를 해결할 수 있다는 사실도 놓치지 않았다. 고객은 대부분 긴급한 문제가 생기면 계좌명세서에 적혀 있는 번호로 전화를 건다. 고객들은 콜센터로 넘겨지고 각자 다른 컴퓨터를 사용하는 상담원들은(안내원이 바뀔 때마다 계좌번호를 알려줘야 한다) 공놀이를 하듯 고객을 이리저리 주고받는다. 라이히는 "안내원이 바뀔 때마다 자신이 누구라고 다시 얘기해야 합니다."라고 지적한다. 이런 문제를 충분히 고려한 심플은 고객별 일대일 서비스를 제공하는 콜센터 운영시스템을 스스로 개발했다. 실제로 심플의 콜센터는 온라인 신발판매점 자포스Zappos의 콜센터를 모델로 삼고 있다.

또한 라이히는 편지를 보내는 일처럼 다른 커뮤니케이션 방식에서도 인간적인 느낌을 불어넣으려고 노력한다. 최근 심플에서 계좌를 하나 개설한 유명 블로거 크리스티안 앤더슨Kristian Anderson은 사람이 직접 쓴 편지를 한 통 받았다. 편지에는 이런 내용이 적혀 있었다. "고객님이 개인적으로 은행에 바라는 점이 무엇인지 알고 싶습니다. 고객님의 기쁨과 슬픔, 사소한 불만 그리고 경제적 꿈과 희망 전부 괜찮습니다. 고객님이 심플에게 기대하고 있는 점은 무엇인가요?"

의외의 감동을 받은 그녀는 자신의 블로그에 이렇게 썼다. "고객을 이해하고 고객의 의견에 정말로 관심을 기울이고 있다는 느낌을 받았다. 계좌를 만들고 회사와 처음 접촉하는 순간이었다. 서비스와 고객과의 관계에 대한 회사의 각오를 충분히 알 수 있는 편지였다." 그리고 이렇게 덧붙였다. "아주 사소한 일, 그러니까 비용이 별로 안 드는 작은 손길이 브랜드를 인간적으로 그리고 사랑스럽게 만드는 법이다."[2]

고객은 사소하고
단순한 것에 열광한다

라이히의 야심찬 모험이 성공할지는 조금 두고 봐야겠지만 분명히 그의 사업은 커다란 가능성을 갖고 있다. 현재 많은 은행이 고객을 실망시키고 있고 그 이유는 은행이 복잡하기 때문이다. 광고 전문잡지 「애드 에이지Ad Age」에 따르면 2010년 에델만 신뢰도 지표조사Edelman Trust Barometer(세계적인 홍보 컨설팅 기업인 에델만에서 매년 실시하는 조사로, 전 세계를 대상으로 사회 각 기관, 기업, 정보 소스 및 채널의 신뢰도를 조사하고 분석해 발표한다.-옮긴이)에서 응답자의 83퍼센트가 '투명성과 정직성'이 신뢰도를 좌우하는 가장 중요한 기준이라고 대답했다. 또 다른 조사에서는 고객의 요구에 맞춰 얼마나 단순한 제품과 서비스를 제공하느냐로 순위를 매겼고, 여기서 은행은 전체 13개 분야 중 부끄럽게도 10위를 차지했다(은행 부문보다 낮은 순위를

건강보험 +43억 달러	소매업(오프라인) +16억 달러	소매업(온라인) +11억 달러
기술/전자 +23억 달러	자동차 +14억 달러	공공사업 +10억 달러
음식점/엔터테인먼트 +19억 달러	은행 +14억 달러	무선통신 +9.05억 달러

그림 2-2 미국의 기업들은 201억 달러의 돈을 방치하고 있다. 건강보험의 경우 고객과의 커뮤니케이션을 더 명료하고 이해하기 쉽게 만든다면 가장 많은 액수인 43억 달러 이상의 추가수익을 창출할 수 있다.

기록한 분야는 공기업, 보험사, 카드회사뿐이었다).[3]

우리는 사람들이 자동차나 휴대전화 같은 상품이나 기차여행이나 체력관리 같은 서비스를 이용할 때 그 제품과 서비스가 단순하면 기꺼이 '프리미엄'을 지불한다는 것을 발견했다. 대단히 단순한 서비스와 제품(내용을 쉽게 알 수 있고 투명하며, 고객을 배려하고 혁신적이며, 직관적인 커뮤니케이션이 가능한 제품과 서비스를 의미한다)을 제공하는 일부 브랜드의 경우 그 프리미엄은 무려 6퍼센트에 달했다. 미국 내 모든 산업과 영역을 대상으로 계산한다면 4~6퍼센트의 프리미엄은 200여 억 달러의 추가수익을 의미한다(그림 2-2 참조).

사실 고객이 단순함을 갈망하지 않는 분야를 찾기란 어렵다. 그러나 기업, 보험사, 정부로부터 제공받는 제품과 서비스와 메시지는 정반대일 때가 많다. 예를 들면 미국인이 구매한 제품 중 절반은 전혀 문제가 없는데도 반품된다. 사용법을 알 수 없다는 게 가장 큰 이유다.[4]

쉽게 이해하기 힘들겠지만, 일반적으로 고객에게 더 많은 것을 제공하려는 기업들과 달리 고객은 오히려 더 적은 것을 원하고 있다. 고객은 기능이 단순한 제품이나 성분이 몇 가지 안 되는 식품에 열렬히 반응한다.

아이스크림 회사 하겐다즈Häagen-Dazs도 몇 년 전 처음으로 이런 변화를 포착했다. 이 회사의 브랜드매니저 칭이후Ching-Yee Hu는 「USA투데이」와의 인터뷰에서 들어간 재료가 적을수록 그 제품을 선호하는 소비자층이 있다는 사실을 발견했다고 밝혔다. 그는 그때부터 '아이스크림을 최대한 단순하게 만들 순 없을까?' 하는 고민에 빠졌다. 그 결과 다섯 가지 성분(우유, 지방, 설탕, 계란, 바닐라콩)만 들어갔다는 의

미로 '파이브five'라는 이름의 아이스크림이 탄생했다. 그러자 소비자들의 반응은 뜨거웠다.[5]

소비자들이 성분을 최대한 줄인다는 아이디어를 환영한 이유는 당연히 거기에 들어간 다섯 가지 성분이 건조 감자전분이나 글루탐산나트륨MSG, 고체 유청, 인공색소나 인공향료 같은 것들이 아니었기 때문이다. 지나친 욕심이 끼어들면 최소한의 성분만 사용하겠다는 멋진 아이디어도 당연히 변질되고 만다. 기업이 단순함을 고객을 끌어들이는 미끼로 사용하면 안 되는 것처럼, 순수함과 신선함을 추구하지 않았다면 성분을 '최소한' 줄였다고 강조해서도 안 된다.

이는 소비자의 구매활동에만 해당하는 얘기가 아니다. 단순한 의료 서비스는 사람들이 원하는 것이기도 하지만 반드시 필요한 것이기도 하다. 단순한 행정 역시 마찬가지다. 결론은 심플의 조시 라이히 같은 인물처럼 단순한 것을 추구하는 혁신가들이 앞으로 수없이 등장할 것이라는 사실이다. 다양한 분야에서 제품과 서비스를, 단순함을 기준으로 다시 생각하고 재창조해야 한다는 요구가 점점 커지고 있는 것이다.

뒤집어서 생각하면 복잡해진 사회는 걱정스러운 것이지만 그 위기 속에서 우리는 엄청난 기회들을 찾을 수 있다. 비즈니스와 정부와 의료 분야에서 고객과 시민과 환자들은 복잡함이라는 장벽에 가로막혀 원하는 것을 얻지 못하고 있다. 말처럼 쉬운 일은 아니지만 단순해지는 것이 이 장벽들을 무너트리는 열쇠가 될 수 있다.

> 단순한 것을 복잡하게 만드는 것은 평범한 일이다. 복잡한 것을 단순하게 만드는 일이야말로 바로 창조적인 일이다.
>
> 찰스 밍거스 Charles Mingus
> (미국 재즈 음악가)

**진정한 혁신은
단순하게 만드는 것이다**

　　　　　　창조성도 중요하지만 기회를 잡으려는 태도, 사람들에게 정말로 필요한 것이 무엇인지 파악하는 감각, 기존의 방식을 뛰어넘을 수 있는 용기도 필요하다. 그래서 혁신적 단순함이란 새로운 방법을 찾고 일부분이 아니라 모든 것을 단순하게 만들려는 혁신전략이다. 혁신적 단순함의 틀에서 사고할 때 진정한 혁신을 가져올 수 있는 무수한 가능성들을 발견할 수 있다.

　또한 가벼운 유행어로 변해버린 '혁신'이라는 단어에 새로운 기운을 불어넣을 것이다. 사람들은 혁신을 신제품을 내놓거나 기존 제품에 새로운 기능을 추가하는 것쯤으로 여길 때가 있다. 그러나 혁신적 단순함은, 새로운 기능을 이것저것 추가하는 것만으로는 더 이상 진정한 혁신을 달성할 수 없다는 인식에서 출발한다. 진정한 혁신은 더 훌륭한 고객경험(또는 환자경험이나 시민경험)이라는 형태로 나타난다. 한마디로 사람들에게 더 나은 경험을 선사하는 가장 좋은 방법은 단순하게 만드는 것이다. 복잡한 것, 불필요한 절차, 어수선하고 산만한 요소를 제거하고 사람들이 그 순간에 원하고 필요하다고 여기는 핵심에 집중해야 한다.

　기존의 틀을 깨고 단순해지는 것은 물론 쉽지 않다. 거의 모든 산업과 제품 속에서 복잡함은 오랫동안 세력을 키워왔고 사람들은 점차 복잡한 것을 당연하게 받아들이고 있기 때문이다. 그래서 "이렇게 복잡할 필요가 있을까?"라고 말하려면 꽤 큰 용기가 필요하다. 사우스웨스트 항공Southwest Airlines의 사례도 마찬가지였다. 40년 전 이 회사는 항공 사업을 시작하려고 기회를 엿보고 있었다. 그 당시에도 항공 사업은 일손이 많이 필요한 혼돈스럽고 복잡한 비즈니스였다. 숫자도 많고 기종도 다양한 항공기를 관리하는 업무에서 기내식을 제공하는 물류작업까지, 당시의 항공 사업이란 비효율성이 초래한 갖가지 비용과 기존의 복잡한 요소들을 처리하는 것이 전부였다. 사우스웨스트 항공이 등장하기 전까지 날마다 벌어지는 이 소동에서 벗어날 길은 없어 보였다.

그런데 사우스웨스트 항공은 다양한 기종을 보유하지 않고 오직 보잉737만으로 운항 서비스를 제공하는 단일기종 방식을 채택했다. 그리고 다른 항공사들이 중간에 비행기를 갈아타야 하는 허브앤스포크hub-and-spoke 방식(허브는 중심점, 스포크는 가지를 의미한다. 대도시나 주요 거점에 허브를 마련한 뒤 승객이나 물류를 우선 허브로 옮긴 다음 다시 세부지점으로 옮기는 방식이다. 항공사의 경우 항공기 숫자를 줄일 수 있다는 장점이 있다. 반대는 지점 간 운항 시스템point-to-point system이다. —옮긴이)을 당연하게 받아들이고 있을 때, 사우스웨스트 항공은 과감히 직항노선에 집중하기로 했다. 그리고 기내식은 정식이 아니라 간단한 음식으로 대체했다. 이렇게 비즈니스의 군살이 빠지자 효율성이 엄청나게 올라가기 시작했다. 비행기는 지상이 아니라 하늘에서 더 많은 시간을 보내게 되었고 비행기 유지보수, 기내식, 청소 및 위생에 들어가던 비용도 줄어들었다. 온라인 경영잡지인 「포트폴리오닷컴Portfolio.com」은 사우스웨스트 항공이 "단순하고 합리적인 서비스를 제공해 비용은 줄이고 생산성은 최고로 끌어올렸다."고 평가했다.[6]

물론 사업 모델을 날씬하게만 만들다 보면 서비스의 질이 떨어질

우려가 있다. 하지만 사우스웨스트 항공은 고객들이 민감하게 생각하는 기본적인 서비스에 집중함으로써 단순해진 서비스를 오히려 긍정적인 요소로 바꿨다. 그들은 비용을 줄여 항공요금을 낮췄고 다른 항공사들이 고객에게 부담시켰던 찝찝한 부대비용들을 없애버렸으며 수화물 운반비용도 받지 않았다. 게다가 지점 간 운항시스템 덕분에 다른 항공사에 비해 운항이 지연되는 일도 거의 없었다.

사우스웨스트 항공은 기내식에 들어가는 돈을 아끼는 대신 서비스의 질을 크게 향상시켰다. 조종사와 승무원들은 승객들에게 친근한 말을 건네고 농담을 주고받는다(직원들이 활기차게 일하는 것으로 유명하다). 사우스웨스트 항공이 지난 30년간 지속적으로 수익을 낸 몇 안 되는 항공사란 점에서 그들의 노력이 전체적으로 어떤 결실을 맺었는지 분명히 알 수 있다. 그러나 사우스웨스트 항공은 더 중요한 사실을 증명했다. 어떤 산업이나 비즈니스 분야를 막론하고, 그 사업이 이미 복잡해질 대로 복잡해졌다 하더라도 단순함의 추구는 기회가 될 수 있다는 것이다. 오히려 어떤 산업과 그 속의 제품이나 서비스가 복잡할수록, 단순해질 수 있는 기회를 더 많이 찾을 수 있고 고객도 그러한 시도를 더 높게 평가할 것이다.

**단순함은
명품이다**

복잡한 영역에서 단순한 것을 내놓으면 명품으로 보일 만큼 고객의 마음을 사로잡을 수 있다. 브랜드를 '명품'으로 만들려면 더 많은 기능과 혜택 그리고 더 다양한 선택의 기회를 제공해야 한다고 착각하고 있는 마케팅 담당자라면 놀랄지 모르겠다. 하지만 그것은 명품이 아니라 '과잉'일 뿐이다. 명품을 찾는 고객들은 다른 고객들보다 다양한 제품을 하나하나 따질 시간도 별로 없고 그런 서비스를 원하지도 않는다. 그래서 명품시장에 뛰어드는 한 가지 방법은 고객이 너무 많은 경우의 수 앞에서 쓸데없이 시간을 허비하지 않도록 제품과 서비스를 단순하게 만드는 것이다. 고객 대신 적절하고 수준 높은 결정을 내리는 것이 핵심이다. 그리고 그것이 고객의 니즈를 고려한 올바른 결정이며 앞으로 골치 아픈 일과 잠재적인 문제를 없애줄 간단한 해결책임을 고객이 확실히 깨닫게 만들어야 한다.

우리는 보험업계에서 일할 때 이 점을 깨달았다. 사람들은 보험을 매력적이고 고급스러운 비즈니스라고 생각하지 않는다. 하지만 우리는 보험사 처브Chubb Insurance와 함께 '마스터피스Masterpiece(걸작)'라는 보험 상품을 디자인했고 이 상품은 보험 산업에서 혁신적 단순함이 무엇인지 보여주었다. 당시 처브는 이미 기업을 상대하는 상업보험 시장에서 선두주자의 자리에 있었지만 1980년대 중반부터 고객사의 대주주나 중역들이 원할 경우 개인보험 서비스도 제공하는 방식으로 새로운 수요에 대응하고 있었다. 처브의 개인고객은 대부분 부유했고 귀금속이나 예술품 같은 고가의 물건, 요트, 여러 채의 주택, 최고급 자동차 등 일반고객과 다른 다양한 보장조건을 요구했다.

마스터피스는 일반 보험 약관에 들어 있는 전문용어를 피하고 고객이 끝까지 읽고 이해할 수 있도록 단순하고 쉬운 언어를 사용했다. 한 마디로 ISO표준양식을 버렸다는 뜻이다(많은 보험사가 ISO표준을 고객의 저항을 최소화시키기 위해 사용한다. 보험사는 ISO표준을 이용해 고객이 내용을 잘 몰라도 자신들이 연방규정을 따른다는 사실을 알릴 수 있다). 이렇게 함으로써 일반 업무와 보험금 지급업무가 실제로 어떻게 처리되는지 고객들에게 제대로 설명할 수 있었다.

 마스터피스는 완벽한 고객맞춤형 약관이다. 보험조건을 원하는 대로 다양하게 구성할 수 있지만, 내용을 합쳐 하나의 문서로 출력하면 물 흐르듯 자연스럽게 읽을 수 있다. 처브라는 브랜드의 기본정신이 명료함과 투명함이 아니었다면 이렇게 훌륭한 약관이 탄생할 수 없었을 것이다. 처브의 약관은 보장에서 제외된 항목을 표시한다. 따라서 따로 표시돼 있지 않으면 회사가 보장하는 항목이다. 계약을 맺기 전에 보험 사정관을 고객의 집으로 파견해 보상액을 평가하고 고객과 함께 미리 조정함으로써 고객은 보험금 신청절차가 전혀 복잡하다고 느끼지 못한다.

> 마스터피스 보험은 사회적 지위를 상징한다. 「포브스Forbes」가 선정한 미국 내 400대 부자의 60퍼센트와 「포춘Fortune」이 선정한 500대 CEO의 50퍼센트가 처브의 개인보험에 가입돼 있다.

 고객들만 약관을 쉽게 읽을 수 있게 된 것은 아니었다. 회사 역시 더 빠르고 쉽게 상품을 계약하고 업무를 처리할 수 있게 되었다. 보통 일주일 단위로 주문에서 처리까지 걸리는 시간을 측정하는 보험업계에서 처브는 95퍼센트의 상품계약과 97퍼센트의 심사업무를 일주일 안에 처리할 수 있었다. 계약을 빠르게 처리할수록 더 많은 고객을 끌어올 수 있기 때문에 회사의 매출도 증가했다. 일찍 일어나는 새가 벌레를 잡는 것처럼 보험은 빨리 처리하는 회사가 더 많은 고객을 얻는 사업인 것이다. 동시에 상품에 '명품'이라는 느낌을 불어넣어 더 높은 가격을 매길 수 있었다. 고객은 보장내용을 완전히 이해할 수 있고 보험금을 청구할 때도 전혀 번거롭지 않은 이 상품에 기꺼이 돈을 더 지불했다.

처브의 마스터피스 약관처럼 고객맞춤형 콘텐츠는 형식이 단순하다. 정보를 분류해 관련성이 높은 부분만 골라냈기 때문이다. 그 결과 회사는 고객의 시간을 절약해주고 그들의 신뢰도 얻을 수 있다. 아무리 큰 기업도 고객이 회사와 일대일로 얘기하고 있다고 착각하게 만들 수 있다.

그런데 왜 그렇게 하지 않을까? 왜 상품과 서비스를 고객의 눈높이에 맞추지도, 단순하게 만들지도 않는 것일까?

한 가지 이유는 소비자들이 기업에게 단순해져야 한다고 목소리를 높인 적이 없었고 기업도 거기에 안주했기 때문이다. 기업은 단순해진다거나 제품과 서비스를 복잡하게 만드는 뿌리 깊은 관행들을 개선하는 데 시간과 노력을 투자한 적이 없다. 문제를 예방할 수도 있었다는 점에서 기업은 그 동안 고객들의 기대를 저버린 셈이다.

그러나 상황이 변하고 있다. 오늘날 대부분의 사람들은 자신의 삶을 단순하게 만드는 방법을 찾고 있다.[7] 단순해지는 것은 분명히 점점 빠르게 변하고, 지나치게 엉켜 있고, 쓸데없는 정보와 활동으로 가득한 이 사회에 대한 한 가지 대안이다.

> 세계적인 고객 커뮤니케이션 전문기업인 MSL그룹이 2008년 전 세계 8,000명을 대상으로 실시한 조사에 따르면 미국 소비자의 72퍼센트가 기업이 더 투명해져야 한다고 답했다. 이 조사는 투명함이 현대 비즈니스에서 "선택이 아니라 의무"임을 보여준다.

흥미로운 점은 단순해지려는 열망이 연령층에 상관없이 고르게 나타난다는 것이다. 나이가 많은 소비자일수록 복잡한 것을 싫어하리라 예상한다. 그것은 사실이다. 노년층으로 접어들고 있는 베이비부머 세대를 위해 상품과 서비스를 단순하게 만드는 것은 엄청나게 많은 기회를 창출할 수 있다. 그러나 나이가 어린 소비자층도 똑같이 단순한 제품과 서비스를 원한다고 얘기하면 놀라는 사람이 많다.

리서치 전문기업인 아웃로컨설팅 Outlaw Consulting의 애널리스트 홀리 브리클리 Holly Brickley는 최근 실시한 조사에서 21~27세 젊은 소비자층이 "단순하고 정제된 메시지를 전달하고 포장이 간단하며 쓸데없는 요소를 줄인" 브랜드에 매우 긍정적으로 반응한다고 말했다. 젊은 소비자층은 단순한 제품과 서비스를 제공하는 대표적인 기업으로 애플, 트레이더조스 Trader Joe's, 제트블루 항공 JetBlue, 인앤아웃버거 In-N-Out Burger(단순한 메뉴로 유명하다)를 꼽았다. 그들은 단순함과 밀접한 관계가 있는 한 가지 가치로 진실성을 들었다. '단순한 것'은 '진실한 것'이라는 얘기다.[8]

요즘 많은 브랜드가 젊은 소비자층 사이에서 '진실한' 제품으로 인정받으려고 애쓰고 있지만 단순한 제품과 간단한 포장, 간결한 메시지야말로 브랜드의 진실성을 드러낼 수 있는 방법이라는 사실은 모르고 있다. 광고 분야만 봐도 분명히 알 수 있다. 시장조사 기업인 해리스인터랙티브Harris Interactive에서 실시한 조사에 따르면 미국인의 75퍼센트가 TV 광고가 너무 현란하기만 하다고 대답했고 21퍼센트는 때때로 광고의 메시지가 불분명하다고 대답했다.[9]

혁신적 단순함이란 곧장 핵심부터 얘기하는 태도다. 이 원칙은 제품과 광고뿐 아니라 고객과 주고받는 가장 사소한 메시지까지 포함해 기업이 세상에 내놓는 모든 것에 적용돼야 한다. 기업은 업무를 빠르고 단순명료하게 처리해야 한다. 고객은 기업이 늘어놓는 온갖 미사여구와 전문용어를 주의 깊게 들어줄 시간도 없고 그럴 필요도 없다. 기업은 명료하게 생각하고 표현해야만 지금처럼 소란스러운 환경에서 자신의 목소리를 키울 수 있다.

단순함은 회사의 각계각층에 영향을 미친다. 따라서 리더부터 확고한 의지를 다져야 한다. 커뮤니케이션이 명료하고 경영이 투명해지면 고객을 속이기 어렵기 때문에 단순함은 회사를 정직하게 만든다. 효율성이 높아지고 날카롭고 분명한 전략과 합리적인 실천에 힘입어 기업경영도 더욱 쉬워진다. 회사 안에서도 긍정적 변화가 일어나 직원들은 달성하려는 목표를 더 잘 이해하고 초심도 잃지 않을 것이다. 마지막으로 단순함은 비즈니스에서 가장 중요하게 여기는 수익을 창출한다.

사람들의 요구는 수익성과 시장점유율 같은 문제만으로 설명할 수 없다. 그래서 단순함은 팔리는 것이기도 하지만 생명을 살리는 일처럼 뭔가를 구하는 것이기도 하다. 지금 당장 단순한 모습으로 새로 태어날 만한 영역이 있다면 아마 의료 산업일 것이다. 모두가 환자를 치료하는 과정에서 개선과 혁신이 이뤄지길 기대하고 있다. 최근 병원을 다녀왔거나 의사와 잠시 얘기를 나눠본 사람이라면 이 분야가 얼마나 심각한 수준으로 복잡해졌는지 느꼈을 것이다. 경영 측면뿐 아니라 윤리적으로 보더라도 의료산업은 반드시 단순해져야 한다. 그래서 일부 의료 전문가들이 바로 지금 의료현장에서 복잡한 것들과 전쟁을 벌이고 있고 그곳에서 우리에게 귀중한 교훈들을 전해주고 있다.

사실 병원보다 혼돈스러운 장소는 많지 않기 때문에 병원은 단순화 전략을 시험할 수 있는 이상적인 실험실이다. 최근 메이요 클리닉Mayo Clinic이나 카이저 퍼머넌트Kaiser Permanente 병원, 클리블랜드 클리닉Cleveland Clinic 같은 의료기관들이 다음과 같은 전략을 실험하고 있다.

간호사의 근무교대에서 발생하는 커뮤니케이션 혼란 줄이기

병원의 근무교대 방식은 혼란을 낳고 치료의 일관성을 떨어트린다. 하지만 카이저 퍼머넌트 병원에서는 간단한 지침을 마련해 간호사가 다음 근무자와 교대할 때 병상 옆에서 환자의 적극적인 참여 아래 중요한 정보를 전달하도록 했다. 그런 방식을 통해 근무교대로 발생할 수 있는 커뮤니케이션의 혼란을 줄이고 있다.[10]

환자에 대한 중요사항 기록하기

보잉Boeing이 최초로 고안했던 항공기 점검 체크리스트를 응용해 많은 병원이 현재 비슷한 체크리스트 기법을 도입하고 있다. 이 기법을 통해 의사들은 치료과정에서 확인해야 할 사항과 앞으로 진행해야 할 치료과정을 확실하게 파악한다.

전문 분야를 특화하는 의료 서비스

유통업체들이 취급 상품의 숫자를 줄일 때 생기는 장점에 주목하는 것처럼 병원도 비슷한 방식을 취하고 있다. 예를 들면 한 가지 수술만 전문적으로 다룬다거나 팔꿈치를 다쳤을 때는 이 병원으로, 심장에 문제가 생겼을 때는 저 병원으로 환자들을 유도하는 식이다.

물론 병원을 떠나도 치료과정에서 경험한 복잡함이라는 '합병증'은 사라지지 않고 오히려 더 심각해질 수 있다. 갑자기 혼자가 된 환자 앞에는 생활수칙이 담긴 안내문, 마저 작성해야 할 처방전 그리고 두꺼운 청구서 뭉치가 놓여 있을 것이다. 그런데 이 모든 과정은 단순해질 수 있고 실제로 일부 혁신가들이 그것을 증명하고 있다. 전국의 의료 종사자들이 앞장선 가운데 단순한 의료비 청구서를 사용하고 환자가 입원할 때 병원이 치료비에 대해 미리 안내하도록 요구하는 운동이 이미 진행되고 있다.

한편 약국 체인점인 월그린Wallgreens은 환자가 퇴원했을 때 곧바로 처방전을 작성할 수 있도록 도와주는 서비스(놀라울 정도로 많은 환자들이 이 일에 애를 먹는다)에 주목했고, 최근에는 아예 퇴원하기 전 병실에서 처방전을 작성할 수 있도록 처음부터 도와주는 새로운 서비스를 공개했다.

**"분명히 짚고
넘어 갑시다"**

　　　　　의료 산업보다 새로운 모습으로 바뀔 가능성이 훨씬 높은 분야가 있다면 아마 정부일 것이다. 믿기 힘들겠지만 한때 미국 정부는 본보기로 삼아도 좋을 만큼 단순했다. 미국이 겨우 16쪽에 불과한 문서에 기초해 탄생했다는 점을 떠올려보라. 하지만 정부가 그토록 간결하고 단순했던 시기는 아주 오래전의 일이 돼버렸다.

　지난 40년 동안 여러 행정부가 단순한 행정을 추구해왔고 일부는 작지만 의미 있는 성과도 이뤄냈다. 가장 최근에는 오바마 행정부가 투명하고 단순한 행정으로 새로운 시대를 열겠다고 다짐했다. 금융위기로 기업과 정부에 대한 신뢰가 땅에 떨어졌던 2009년 오바마 대통령이 취임했을 때 우리가 자체적으로 실시한 조사에서도 79퍼센트의 국민이 "새로운 법률과 정책은 명확하고 투명하며 쉬운 언어로 작성될 수 있도록" 대통령이 앞장서야 한다고 대답했다.[11]

　확실히 오바마 대통령은 적임자로 보인다. 대통령 자신이 변화의 상징이며 탁월한 의사소통 능력을 갖고 있고, 게다가 "분명히 짚고 넘어 갑시다Let me be clear."란 말로 연설을 시작하는 버릇은 유명하다. 심지어 그는 임기 첫날부터 정부의 투명성을 촉구하는 서한을 작성했다. 거기에는 이렇게 적혀 있었다. "정부는 국민의 참여가 필요합니다. 국민이 참여할 때 효율적인 행정과 수준 높은 정책이 탄생할 수 있습니다."[12] 1년 뒤 오바마는 행정서류에는 "뜻이 명확하고 간결하며 조리 있는" 언어를 사용해야 한다고 규정한 '쉬운 언어 쓰기 법안Plain Writing Act'에 서명했다.

그러나 2011년까지는 단순명료한 정부를 만들려는 노력이 부족했다는 느낌을 준다. 시장조사기관인 포시리절트ForeSee Results의 조사에 따르면 국민은 백악관의 투명성 개선 노력에 대해 100점 만점에 46점이라는 낮은 점수를 부여했다(의회는 훨씬 낮은 37점을 받았다).[13] 한편 우리가 실시한 조사에서는 65퍼센트가 행정기관이 시민에게 복지혜택과 행정 서비스의 내용을 제대로 설명해주지 않는다고 답했다.

오바마 행정부는 자신들이 역대 가장 투명한 정부라고 주장한다. '완전공개'라는 기준에서 보면 아마도 맞는 말일 것이다. 지금까지 오바마 정부보다 많은 정보를 인터넷에 공개한 정부는 없었다(그림 2-3

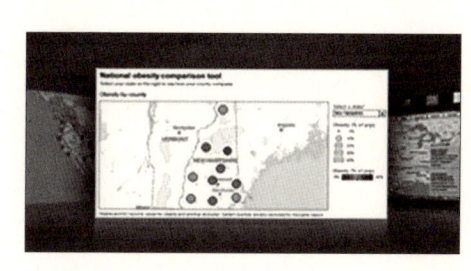

- 378,529건의 기초 데이터 및 지역 데이터
- 1,264개의 정부제작 응용 프로그램
- 236개의 민간제작 응용 프로그램
- 103개의 모바일 응용 프로그램
- 172곳의 정부기관 및 보조기관
- 자료나 응용 프로그램에 대한 여러분의 아이디어를 기다리고 있습니다!
- 2011 Next Generation Data.gov는 사용자 중심으로 운영되고 각종 정보로 가득한 소셜미디어입니다.

그림 2-3 이 화면(www.data.gov)은 미국 정부가 인터넷에 얼마나 많은 정보를 공개했는지 보여준다. 수백 곳의 정부기관, 수천 개의 애플리케이션, 수십 만 건의 데이터가 올라와 있다.

참조). 하지만 '체계적인 공개'를 투명성의 기준으로 삼는다면 오바마 정부는 기대에 못 미친다. 여기서 우리는 선한 의도로 첫발을 내딛었다고 해서 만족하면 안 된다는 교훈을 얻을 수 있다. 국민이 더 많은 정부자료를 직접 열람하도록 만들었다는 점에서 오바마 정부의 방향은 옳았다. 하지만 국민이 쉽게 이해할 수 있게 자료를 체계적으로 정리하고 다시 쓰거나 디자인하지는 않았다. 정부는 그저 엄청난 양의 정보를 각종 정부 사이트에 옮겨놓았을 뿐이다. 정보를 이용할 수 없는 일반 국민은 여전히 정부가 세금을 어디에 쓰고 있는지 알 수 없다.

데이터를 마구잡이로 내놓는 바람에 정부는 국민과 소통할 수 있는 기회를 놓치고 말았지만 흥미롭게도 수많은 개인과 기업이 정부의 빈자리를 차지하고 있다. 그들은 정부의 기초 데이터를 활용해 스마트폰 앱이나 웹사이트를 만든 다음 대중교통 시간표에서 일기예보에 이르기까지 사람들에게 갖가지 유용한 정보들을 제공한다. 이런 현상도 어떻게 보면 발전일 수 있고 정부가 애초에 데이터를 제공하지 않았다면 분명히 실현될 수도 없는 일이었다. 하지만 데이터를 선별하고 재구성하는 일을 일반 대중에게 맡김으로써 정부는 국민과 직접 만날 수 있는 기회를 계속해서 놓치고 있다(오바마 대통령이 임기 첫날 언급했던 목표가 아니었던가).

사람들은 오랫동안 정부가 그저 너무 크고 복잡하기 때문에 단순해질 수 없다고 여겼다. 관료주의가 너무 깊이 뿌리박혀 있고 수백 년 묵은 난해한 규정과 법률이 정부를 꽁꽁 묶어버렸다고 생각해왔다.

그러나 꽉 막힌 정부의 법률 및 관료체계도 시원하게 뚫릴 수 있는 몇 가지 방법이 있다. 1980년에 도입된 단순한 세금신고서 양식인

1040EZ 양식은 근본적인 혁신이었다.

봉급 외에는 신고할 소득이 거의 없는 납세자들의 상황을 특별히 배려한 이 새로운 신고서는 서류와 규정의 미로에서 헤매던 많은 이들을 구출했고 수백만 시간을 절약했다. 미 국세청은 1995년 그 취지를 되살려 1040EZ 양식을 전화로도 신고할 수 있게 제도를 개선해 수백만 시간을 추가로 더 절약했다. (1998년 사업자 세금신고에도 비슷한 정책이 마련되어 훨씬 더 많은 시간이 절약되었다.)

> 우리의 민주주의는 현재 죽은 사람들에 의해 운영되고 있다.
>
> 필립 K. 하워드 Philip K. Howard
> (커먼굿 Common Good 설립자)

하지만 1999년이 되자 이런 열기는 사그라지고 말았다. 그해 연방정부가 개인과 기업에게 요구한 행정서류의 양이 전년보다 얼마나 증가했는지 조사한 결과, 역대 가장 높은 수치를 기록했고 늘어난 양의 90퍼센트는 국세청의 서류들이었다. 긍정적으로만 본다면 할 수 있는 일이 엄청나게 많다는 뜻이다. 그래서 최근에는 정치 성향에 상관없이 수많은 사람과 단체가 이 문제에 덤벼들기 시작했다.

몇 년 전부터 세법을 단순하게 바꿔야 한다는 운동에 속도가 붙고 있다. 세금제도를 개혁하고 단순하게 바꿀 수 있는 방안에 대해 선거 후보자부터 니나 E. 올슨 같은 납세자보호 운동가에 이르기까지 모든 이들이 각자 아이디어와 정책을 내놓고 있다. 한 가지 대안은 진보적인 비례세를 도입해 세율의 종류를 최대한 줄이는 것이다. 이런 대안은 다음 표에서 볼 수 있듯이 공제조항, 면세조항, 비과세 조항 등 변수가 너무 많다는 문제의식에서 출발한다. 세금제도를 개혁하려면 제도의 공정함과 취지를 변질시키지 않으면서, 동시에 이 수많은 변수

소득세를 복잡하게 만드는 요소들

소득의 종류	소득의 주체	소득 금액	기타 항목
임금 자본이득, 이자소득, 배당금 인세, 임대수익	부부 독신 동성 파트너 동거 노인 장애인 부모	금액에 따라 세율이 다르게 적용됨 (세율 구간 참조)	소득공제 조세감면 세액공제

표 1 많은 사람들이 소득공제, 조세감면, 세액공제의 차이를 구분하지 못한다.

를 모조리 제거하거나 적어도 알맹이만 골라낼 수 있어야 할 것이다. 쉬운 일은 아니겠지만 해볼 만한 가치는 있다. 채워넣어야 할 항목이 크게 줄어든다면 자동적으로 세금신고서를 작성하는 일도 단순해질 것이다.

이런 사례들은 복잡한 정부를 단순하게 바꿔야 한다고 적극적으로 나설 때 누구든지 정치적 입지를 다지는 좋은 기회를 얻을 수 있음을 보여준다. 오히려 양당의 어떤 후보들도 분명한 태도로 국민이 정부와 더 가까워질 수 있도록 단순한 정부를 추구하겠다고 약속하지 않는 것이 놀라울 정도다.

단순해져야 한다는 외침은 유권자의 마음을 사로잡을 만한 강력한 메시지가 될 수 있다. 하지만 그런 노선을 선택한 정치인이라면 당선 이후 애매모호한 공약이나 무분별한 정보공개가 아니라, 오직 단순함에만 초점을 둔 체계적인 전략과 태도로 이 문제와 싸워야 할 것이다.

단순함에 도달할 수 있는 마법의 6단계 공식 같은 것은 물론 존재

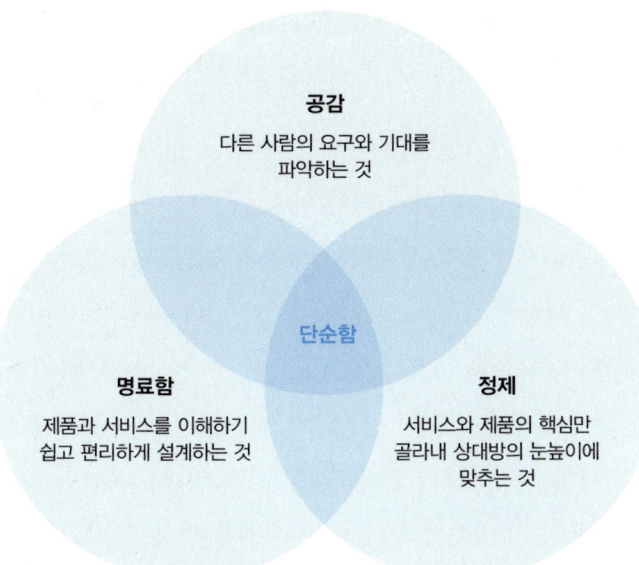

그림 2-4 혁신전 단순함을 위한 세 가지 요소.

하지 않는다. 복잡한 것을 단순하게 만들기 위해 너무나 많은 이들이 6시그마 관리기법이나 데이터 분석기법 같은 전략을 꺼내든다. 그들은 수백분의 1초 단위로 콜센터의 통화시간을 기록하거나 수백만 명의 마우스클릭 기록을 모니터하지만 결국 아무것도 얻지 못한다. 모든 과정을 자동화기술에 맡기는 기업도 있다. 예를 들면 호텔의 경우 체크인에서 모닝콜 서비스에 이르기까지 모든 서비스를 자동화하는 것이다. 하지만 결국 인간적인 느낌은 아예 사라지고 기계가 대답할 수 있는 질문 외에는 아무것도 물어볼 수 없는 호텔이 탄생한다.

단순해진다는 것은 무엇을 의미할까? 그것은 공감empathize하고 핵심만 뽑아내고distil(정제) 집중하여 명료하게clarify 만들겠다는 다짐과

각오가 조직 전체에 구석구석 배어 있을 때 가능한 일이다.

　제품과 서비스 그리고 커뮤니케이션에서 본질적 부분만 남겨놓고 쓸모없는 요소를 모조리 제거해야 한다. 무엇이든 보기 좋게 다듬고 알맹이만 골라내야 하며 상대방의 처지와 눈높이도 고려해야 한다. 그래야만 그 사람의 요구와 기대를 최대한 만족시킬 수 있다. 또한 단순한 언어와 디자인을 사용해 명료함을 추구해야 한다. 하지만 이 모든 일은 바로 상대방에 대한 공감에서 시작된다. 계약서든 지원서든, 상품이든 서비스든 상대의 입장에서 세상을 바라보려고 노력해야 하고 또 그렇게 할 수 있어야 한다. 단순하게 만든다는 것은 사람들의 요구와 기대를 충분히 이해하고, 그다음에 그들에게 반응하는 일이다.

SIMPLE

2부

혁신적 단순함은
무엇이 다른가

[Chapter 3]

제대로 공감하라

단순함을 위한 첫 단계는 관찰과 공감이다.
내가 혹은 상대방이 진짜 원하는 것을 간파할 줄 아는가?

"여기가 지금 병원이야, 최고급 호텔이야?"

클리블랜드 클리닉 Cleveland Clinic에 방문한다면 아마 이런 혼잣말을 할지도 모른다.

병원 창밖으로는 밝고 쾌적한 정원이 내다보인다. 곳곳에서 클래식 음악이 잔잔히 흘러나오고 그림과 조각상도 보기 좋게 놓여 있다. 붉은 재킷을 입은 안내 직원도 보인다. 혼돈스럽고 삭막한 일반 병원과 달리 이곳의 분위기는 무척 아늑하다. 병상에 누워 있는 환자를 어딘가로 옮기는 장면도 보기 힘들다. 외부인이 볼 수 없는 전용 엘리베이터를 이용하기 때문이다(사실 그런 모습을 남들에게 보여주고 싶은 환자는 아무도 없고 방문객도 굳이 볼 필요가 없다). 이곳의 치안상태는 주변 지역보다 18배나 안전하다고 한다. 하지만 대규모 보안시설 역시

> 훌륭한 인간이 되려면 깊고 넓은 상상력을 가져라. 가까이 혹은 멀리 있는 사람, 모두의 입장을 살펴야 한다. 타인의 고통과 기쁨을 내 것으로 느껴야 한다.
>
> 퍼시 셸리 Percy Bysshe Shelley(영국 시인)

잘 감춰져 있다. 복잡한 요소는 클리블랜드 클리닉 안에도 수없이 존재하지만 단지 볼 수 없을 뿐이다. 그것들은 전부 보이지 않는 곳으로 옮겨졌다.[1]

우리는 터치스크린 화면에서 길을 안내해주는 가상 도우미 마리아의 도움을 간간이 받으며 병원을 둘러보다 일반 병원과의 사소한 차이점을 몇 가지 더 발견했다. 무엇보다 실내 공기가 향기로웠다. 공기는 상쾌했고 대부분의 병원에서 방향제로 쓰는 퀴퀴한 소독약 냄새도 전혀 나지 않았다.

하지만 실내 공기 말고도 환자들은 여러 가지 사소한 경험을 통해 이 병원의 특별함을 깨닫는다. 환자와 대화를 나누는 의사의 태도(쉬운 말을 쓰고 환자의 질문에 적극적으로 답변한다)에서부터 실용성과 품위를 모두 살린 환자복(디자이너 다이앤 본 퍼스텐버그Diane von Furstenberg가 디자인했다), 그리고 퇴원한 환자에게 송부하는 명확하고 간결한 청구서에 이르기까지, 이 모든 요소가 인간과 거대하고 복잡한 의료기관 사이의 상호작용을 단순하게 만들겠다는 병원의 의지를 보여주고 있었다.

어떻게 보면 클리블랜드 클리닉은 병원hospital 사업에서 (호텔 같은) 접대hospitality 사업으로 이동 중이라고 할 수 있다. 그렇다면 그 이유는 무엇이었을까? 최근 몇 년 동안 대형병원들은 특히 멀리서 찾아오는 환자들을 서로 유치하려고 경쟁했다. 처음에 그들은 각종 의료 서비스 부문에서 몇 등을 했는지, 자신들이 어떤 최첨단 의료장비를 갖고 있는지 내세웠다. '최고의 병원을 찾는 데는 다 이유가 있습니다'가 그들의 메시지였다.

환자의 경험을
중요시하는 환자 제일주의

문제는 환자들 대부분 '최고의 병원'을 가리는 기준을 정하느라 애를 먹는다는 것이다. 그래서 환자들은 결국 비공식적 방법으로 조사를 시작한다. 친구의 친구에게 물어보거나 인터넷의 환자 커뮤니티를 방문하기도 하고 페이스북에서 그 병원에 대한 반응을 살펴보기도 한다. 그렇게 해야 비로소 병원에 있었던 환자들이 실제로 어떻게 느꼈는지 알게 되는데, 이는 추상적이고 모호한 '환자경험patient experience'이 병원순위나 최신 의료장비보다 더 중요할 수 있는 이유다.

병원에 온 사람들에게 가장 강렬한 인상을 남기는 것은 무엇일까? 클리블랜드 클리닉은 환자의 호출에 간호사가 언제 대답하는지, 환자가 먹고 싶은 음식은 제공되는지, 간호사가 '10-4' 규칙을 준수하는지(환자가 10피트 이내로 다가오면 미소를 보내며 눈을 맞추고, 4피트 이내로 다가왔을 때 말을 건넨다)처럼 오히려 사소한 부분에 달려 있다고 생각한다. 물론 건강을 회복해 퇴원하는 일이 무엇보다 중요하지만 그것은 어느 병원이나 마찬가지다. 그리고 누구나 자신의 수술과 치료는 성공적일 것이라 예상하기 마련이다. 그래서 환자들의 기억에 남아 있거나 다른 사람에게 얘기해주는 내용은 오직 병원에서 체험한 인간적인 대면과 그곳 의료진들과의 접촉뿐이다.

　병원 안에서 그런 인간적인 접촉은 수없이 자주 발생한다. 이 병원의 '최고 경험관리자chief experience officer' 제임스 멀리노 박사Dr. James Merlino는 병원에서 벌어지는 수많은 상호작용을 자세히 관찰하다 불현듯 깨달았다. "환자가 퇴원할 때까지 무려 백 명의 직원들이 환자의 경험을 관리하고 있었습니다." 클리블랜드 클리닉이 복잡한 문제에 직면해 있다는 의미였다. 그 많은 상호작용을 어떻게 전부 조율할 것인가? 성과는 또 어떻게 측정할 것인가?

　어중간한 노력으로는 불가능한 일임을 깨달은 경영진은 지금으로부터 4년 전 조직 전체를 정밀하게 점검했다. 그때 신설된 '환자경험관리국Office of Patient Experience'의 책임자였던 멀리노 박사는 이렇게 말한다. "우리는 환자들이 느끼는 경험을 가장 중요한 문제로 정했습니다."

　시설 관리자에서 신경외과 의사에 이르기까지 거의 4,000명에 이르는 직원들이 40일간 '케어기버caregiver(돌보는 사람이란 뜻-옮긴이)'라는 새로운 직책과 오직 환자만 생각하는 자세를 갖기 위해 교육을 받았다. 멀리노 박사는 엄밀히 따지면 병원 소속이 아닌 주차요원이나 식당직원까지 전 직원이 빠짐없이 자신의 역할에 '주인의식'을 가지는 것이 인간적 상호작용을 이끌어낼 수 있는 유일한 길이라고 말한다. 또한 경영진과 직원들은 '환자 경험이란 무엇인가?' 같은 근본적인 질문을 함께 고민했고 환자와 대화를 나누거나 그들의 질문에 대답하는 원칙과 기법을 마련했다.

　환자들은 종종 복잡한 의학용어와 안내사항 앞에서 겁부터 집어먹는다. 그래서 환자들이 들은 내용을 반드시 이해하고 넘어가도록 만드는 것이 중요한 목표였다. 이를 위해 '의료문맹 퇴치'를 목적으로 하는 부서를 만들어 그들이 현재 다른 직원들을 지도하고 환자에게 전달되는 모든 문서를 검토한다. 간호사도 환자와 더 많은 대화를 나누고 의사 역시 치료방법을 정확하게 설명하고 모든 질문에 답변하려고 노력한다. 환자도 물론 적극적인 의견 제시를 요청받는다. 멀리노 박사는 말한다. "저희는 환자에게 얘기하죠. '치료과정에서 환자분의 역할도 50퍼센트를 차지합니다. 효과가 있었는지 없었는지 알려주시면 저희에게 큰 도움이 됩니다.'"

이런 대대적 개혁이 성공하려면 피드백을 폭넓게 수집해 활용하는 것이 중요하다. 클리블랜드 클리닉은 환자로부터 방대한 피드백을 수집해 낱낱이 공개한다(불만사항도 여과 없이 공개한다). 최고로 존경받는 의사라도 환자의 반응을 통해 자신의 커뮤니케이션 능력을 향상시킬 수 있기 때문이다. 이 모든 데이터는 정교한 환자 경험 '계기판'에 빠짐없이 집계되고 경영진은 실시간으로 피드백 결과와 동향을 확인할 수 있다.

환자와 병원이 접촉하는 지점들은 거의 대부분 깔끔하고 단순해졌다. 병원에 전화를 거는 순간부터 알 수 있다. 전화번호는 단 하나뿐이며 누구나 당일에 진료를 받을 수 있다(이런 규모의 병원에서는 대단히 드문 일이다). 마지막에 경험하는 의료비 청구서도 마찬가지다. 청구서는 그 자체가 환자의 기분을 상하게 할 수도 있다. 하지만 클리블랜드 클리닉은 인간적인 감사의 말을 전한 다음 보험금(자동으로 입금된다) 및 퇴원 후 안내사항에 대해 먼저 설명함으로써 환자들의 정신적 부담을 덜어주려고 노력한다.

이 병원은 '직원이 만족할 때 환자도 만족한다.'는 것을 일찌감치 깨달았다. 이렇게 직원의 입장을 반영해 만든 정책 중 하나가 '라벤더 프로그램Code Lavender'이다. 어떤 직원이 돌보던 환자가 사망해 정신적 충격을 받은 경우 그 직원은 특별 상담치료를 받을 수 있다(치료를 신청한 직원에게 라벤더꽃 색깔인 연보라색 팔찌를 나눠준다. 동료들은 그 팔찌를 보고 해당 직원을 평소보다 더 신중하게 대한다). 또한 환자가 몰리는 기간이 아닌 경우 간호사에게 하루 8시간, 주 5일이 아니라 하루 13시간, 주 3일 근무제를 허용해 더 긴 여가시간을 보장한다.

병원도 따뜻한 심장이 필요하다

클리블랜드 클리닉은 타인에 대해 공감하는 능력이 부족한 의대 졸업생들을 너무 자주 겪었다. 고객경험 전문 컨설팅 기업인 프레스 가니Press Ganey에서 의료산업 컨설턴트로 일하고 있는 디어드리 미로드Deirdre Mylod 박사는 "연구 결과 대학교육 과정에서 학부생과 레지던트들의 공감 능력이 오히려 떨어지는 것으로 나타났다."라고 설명한다.[2] 그래서 클리블랜드 클리닉은 의사를 뽑을 때 기술적 능력뿐만 아니라 그들의 마음가짐까지 보기 위해 인성검사에 '프리바이저Previsor(예언자라는 뜻 – 옮긴이)' 기법을 도입했다.

이 모든 일이 어떤 결과를 가져왔을까? 클리블랜드 클리닉이 달성한 경영적 성과는 수없이 많다. 더 많은 환자가 병원을 찾았고 환자한 명당 발생하는 수익도 증가했다. 단순하고 명료한 청구서 덕분에 병원비를 즉시 지불하는 환자들도 많아졌다(한 달에 무려 100만 달러의 추가수입을 올렸다). 그러나 경영 차원을 뛰어넘는 다른 성과도 나타났다. 치료과정을 이해하고 거기에 적극적으로 참여한 환자일수록 신체의 반응과 회복 속도가 빠른 경우가 많았다. 이렇게 되면 당연히 이 병원이 최고의 병원이라고 주변 사람들에게 얘기할 가능성도 높아진다.

클리블랜드 클리닉의 이 혁명적 '환자 제일주의'도 아직 시작 단계일 뿐이다. 그러나 메이요 클리닉Mayo Clinic처럼 다른 정상급 병원들 역시 비슷한 혁신을 진지하게 검토하고 변화를 계획하고 있다. 이렇게 변화의 맨 앞에 서 있는 이들은 이제 최고의 의료진과 의료장비만으로는 부족하다는 사실을 깨닫고 있다. 오늘날 병원은 환자의 입장에서 생각할 줄 아는 능력과 의지를 갖추고 완전히 새로운 방식으로 그들을 다뤄야 한다. 환자의 처지와 걱정거리, 요구와 기대에 반드시 공감해야 하는 것이다. 최고의 심장 전문의가 있다고 자랑하던 시대는 끝났다. 이제 병원도 따뜻한 심장을 갖고 있어야 하는 시대다.

어떻게 보면 오늘날의 비즈니스는 모두 '경험'을 다루고 있다. 그런데 고객은 모두 각자 다른 성향을 갖고 있고, 그들의 경험도 즉시 기억에서 사라지는 것이 있는가 하면 평생 지속되는 것도 있다. 이런 상황에서 과연 어떻게 고객경험을 관리하고 개선할 수 있을까?

어째서 많은 고객이 원하는 것을 경험할 수 없는지 생각해보라. 제품과 서비스, 커뮤니케이션에서 기대했던 것이나 필요한 것을 얻지 못하기 때문이다. 잘못된 정보, 미숙한 업무처리, 복잡함과 혼란 등

많은 요소가 고객의 만족을 방해할 수 있고 결과적으로 고객을 회사로부터 멀어지게 만든다. 그래서 단순해진다는 것은 이런 방해요소를 없애 고객과 회사를 다시 가깝게 만드는 것이다.

또한 단순해지면 회사는 고객이 어떤 상황에 처해 있고 그들에게 정말로 필요한 것이 무엇인지 쉽게 파악할 수 있다. 회사가 고객들의 현실적 고민을 간과하기 때문에 수많은 제품, 사용설명서, 서비스가 쓸데없이 복잡해지는 것이다. 사람들은 이렇게 말한다. "도대체 이런 걸 누가 만들었을까?" "이걸 쓴 사람은 누굴까?" 제품이 난해한 방식으로 포장돼 있거나 짜증나는 알람 소리를 끄느라 애를 먹을 때 나오는 말들이다. 비슷한 사례로, 고가의 자동차일수록 제품설명서는 조수석 사물함의 공간만 차지하고 있다. 그리고 차주인은 여전히 계기판의 시계조차 다룰 줄 모른다. 그 설명서를 제작하느라 쏟아부은 엄청난 시간과 돈과 노력에도 불구하고 운전하다 문제가 생겼을 때 그것은 아무 쓸모가 없다.

우리가 '디자인의 공백design-in-a-vacuum'이라고 부르는 이런 현상은 많은 것을 설명해준다. 예를 들면 현미경으로 들여다봐야 할 만큼 글씨가 작은 약병의 라벨이 어쩌다 생겨났는지 짐작할 수 있다. 그 라벨을 보고 있으면 현대의 인쇄기술이 감탄스러울 정도지만 글자가 너무 작아 아무리 건강한 사람이라도 쉽게 읽을 수가 없다.

미국의 기업들은 날마다 특별업무 팀TFT을 꾸려 프로세스를 점검하고 불필요한 요소를 제거하고 '단순하게' 만들겠다며 서류양식을 다시 디자인한다. 그런데 항공권을 예약하거나 청소기를 구매하거나 은행에 전화를 걸 때 왜 아직도 모든 것이 복잡할까? 왜 늘 뭔가를 추가하려고만 할까? 처음부터 단순하게 설계된 제품과 서비스를 만나기는 왜 이렇게 어려울까?

바로 공감이 빠져 있기 때문이다.

공감한다는 의미는 제품과 서비스를 누가 언제 어디서 구매하고 사용하는지 미리 예상해 고객의 요구를 디자인에 최대한 반영한다는 뜻이다. 단순함은 쉽고 빠르게 전달할 수 있는 경험이어야 하기 때문에 고객경험을 설계할 때 반드시 고객의 '마음속으로 들어가' 그들이 과연 어떻게 느낄지 미리 예상해야 한다.

만약 호텔 25층에 투숙했는데 한밤중에 갑자기 화재경보가 울린다고 가정해보자. 당신은 가장 가까운 비상구를 찾기 위해 일단 현관문에 붙어 있는 지도를 살펴볼 것이다. 하지만 그런 위급한 상황에서 호텔에 붙어 있는 지도는 대피도가 아니라 미로처럼 보일 뿐이다. 왜 한눈에 파악할 수 있도록 더 분명하고 단순하게 만들지 않았을까? 그 이유는 그런 안전수칙들이 완전히 다른 환경, 예를 들어 내용을 읽고 파악할 수 있는 조명과 시간이 충분한, 여유로운 환경에서 제작되었기 때문이다. 공감이라는 요소가 아예 빠져 있는 것이다.

다음에 비행기를 타게 되면 앞좌석 등받이에 꽂혀 있는 안전 카드(비상시 기내에서의 행동요령을 그림을 곁들여 설명해놓은 팸플릿 - 옮긴이)를 한번 살펴보라. 카드를 제작한 사무실에서는 역시 괜찮아 보였을지 모르지만 실제 비행기 안에서는 알아보기 힘들다는 것을 알 수 있다.

비행기의 안전 카드가 실제로 쓸모가 있는지 알아볼 수 있는 방법은 사람들이 실제 상황에서 어떻게 받아들이고 이해하는지 자체적으로 조사하는 수밖에 없다. 안전 카드를 비행기의 승객들에게 나눠주고 다양한 승객 유형(노인, 혼자 탄 어린이, 정신없이 바쁜 비즈니스맨, 비행기를 처음 타서 불안해하는 승객 등)을 설정해 각각의 반응을 파악해볼 수 있다. 실제로 위급한 상황이 벌어지기 전까지 승객들은 안전 카드에 관심을 두지 않으므로 아주 짧은 시간 동안만 카드를 볼 수 있게 해야 한다. 그런 다음 그림들을 어떻게 해석했는지, 어느 부분이 가장 먼저 눈에 들어왔는지, 또 군더더기로 생각되는 부분은 없었는지 물어보라.

고객의 마음을 이해하는
공감 마케팅

포드 자동차는 이런 사실을 어렵사리 깨달은 듯하다. 포드 자동차는 마이포드터치MyFordTouch라는 디지털 방식의 자동차 계기판에 대해 고객들의 불만이 잇따르자 결국 2011년 11월 무료 업그레이드를 실시하겠다고 발표했다. 굴러가는 차 안에서 터치스크린을 조작하는 것은 회의실에 앉아서 그 제품을 연구했을 때와는 완전히 다른 차원의 일이었다. 업그레이드된 계기판은 화면을 네 부분으로 나누어 운전자가 화면을 보지 않고도 왼쪽 상단이나 오른쪽 하단처럼 어느 곳을 눌러야 할지 쉽게 익힐 수 있도록 개선되었다.

비즈니스에서 공감에 대해 얘기하는 것은 대단히 안일한 소리처럼 들릴지 모른다. 공감이라는 말은 '주식회사 미국corporate America'이나 수익성 같은 말과도 어울리지 않는다. 하지만 공감empathy과 동정sympathy을 구분하는 것은 중요하다.

콜센터를 상담센터로 바꾸라거나 실연의 아픔이나 해고, 고부갈등 같은 일들을 고객과 함께 나누라는 뜻이 결코 아니다. 곤경에 처한 고객을 측은히 여기라는 말이 아니라 고객의 관점에서 바라볼 수 있도록 그들의 처지를 이해하라는 말이다. 물론 공감의 사전적 정의는 타인의 감정을 이해하는 것이다. 그러나 우리가 강조하는 것은 감정이 아니라 그 사람의 사고방식, 의사결정 전략, 주의집중 능력이다.

고객의 이성적 사고에 영향을 미치는 모든 요소를 고려해야 단순한 것이 효과를 발휘할 수 있다. 예를 들면 응급상황, 이혼, 주택장만, 투자결정처럼 감정이 이성적 의사결정을 방해할 수 있는 상황이라면 그 사람의 감정을 파악하는 것도 똑같이 중요하다. 특히 상대방이 느끼는 괴로움과 충격의 정도, 상황의 위급성은 핵심 정보를 선별할 때 반드시 적용해야 할 기준이다.

단순해지려면 현실적이고 기본적인 니즈needs를 뛰어넘어 고객의 구체적인 원츠wants(휴대전화 요금 청구서에 어느 요금제로 바꿀 때 지금보다 요금을 아낄 수 있는지 표시해달라는 요구)까지 충족시키고, 고객의 요청(매달 원하는 날짜에 모기지 할부금을 납부할 수 있게 해달라는 요구)을 즉시 들어줄 수 있도록 융통성도 미리 확보해야 한다. 영리한 기업은 고객에게 선호하는 것이 무엇인지 물어보면서 고객과 관계를 돈독히 한다. 투자회사 에드워드 존스Edward Jones는 세 가지 수준의 투자 보고서를 제작해 고객에게 제공함으로써 그들의 마음을 붙잡았다. 콘텐츠를 개인별로 맞춤 제작하는 것은 끈끈한 유대감을 형성하는 훌륭한 방법이다.

고객의 마음을 이해하면 개인별 요구를 반영해 디자인한 제품과 서비스를 내놓을 수 있어 매출은 늘어나고 고객충성도도 높아진다. 고객의 기대치와 회사가 내놓는 결과물 사이의 거리가 점점 줄어드는 것이다. 그러나 최근에는 고객의 기대치와 회사의 제품과 서비스 사이에 아주 큰 격차가 있다는 사실이 밝혀졌다. 고객관리연합Customer Care Alliance에서 실시한 연구에 따르면 미국 소비자의 70퍼센트가 지난해(2012년)에 '불쾌한' 또는 '대단히 불쾌한' 수준의 고객 서비스를 경험한 것으로 나타났다.[3] 온라인 잡지 「테크크런치TechCrunch」에서 실시한 설문조사에서도 미국인의 82퍼센트가 지난해에 형편없는 서비스 때문에 어떤 회사와 거래를 중단했다고 대답했다.[4]

고객관리연합에 따르면 화가 난 소비자는 자신의 경험을 아는 사람들에게 얘기할 가능성이 대단히 높고 평균적으로 무려 열여덟 명에게 자신의 얘기를 전해준다고 한다. 그러나 인터넷에 올릴 때(네티즌들은 우스꽝스러운 순위를 만들기도 하는데 결국 그 내용이 다른 책에 소개된다)의 영향력에 비하면 아무것도 아니다. 불만에 찬 고객은 기업에게 늘 악몽과도 같은 존재였지만, 지금처럼 고객의 불만이 빠르게 확산될 수 있는 소셜미디어의 시대라면 더욱 더 조심해야 할 존재다.

인간적인 브랜드가
새로운 트렌드로 주목받다

기업이라면 어느 정도는 고객을 행복하게 만들어야 한다고 생각한다. 그러나 기업은 고객과의 관계가 오직 제품에 달려 있다고 생각한다. 즉 훌륭한 제품을 내놓기만 하면 나머지 일은 알아서 해결된다는 식이다. 하지만 고객은 예측할 수 없고 감정에 휘둘리는 존재다. 때로는 제품이 부수적인 문제로 변하고, 문의사항에 답변하는 영업사원의 태도나 회사가 보낸 편지의 어투처럼 그저 사소하게만 보였던 요소가 고객과 회사의 관계를 결정짓는 중요한 문제가 될 수도 있다.

프린스턴 대학교의 심리학 교수인 대니얼 오펜하이머 Daniel Oppenheimer는 어떤 회사에 대해 감정적인 부분만 기억에 남는 경우가 있다고 말한다. "그 회사 때문에 기분이 상했었다면 나중에 세부적인 일은 기억이 안 나더라도 왠지 모를 찝찝함은 계속 남아 있을 수 있습니다." 오펜하이머 교수는 마찬가지로 긍정적 경험도 오랫동안 기억에 남을 수 있다고 말한다.[5]

경영잡지 「패스트 컴퍼니 Fast Company」는 브랜드가 솔직하고 친절하며 자신을 유머의 소재로 삼을 때 더욱 매력적으로 보일 수 있다고 설명하며 "인간적인 브랜드가 새로운 트렌드로 주목받고 있다."고 강조했다. 세계적인 디자인 기업 아이디오 IDEO의 커뮤니케이션 디자이너 엘르 루나 Elle Luna 역시 "지금의 브랜드는 인간적인 특성을 점점 더 많이 갖춰가고 있다."고 말했다.[6]

소비자는 기업의 관료주의에도 넌더리를 내고 있다. 기업은 나와 상관없는 지루한 정보를 가득 늘어놓고, 전화도 받지 않고, 실타래처럼 뒤엉킨 사업절차를 양산하고, 너무 많은 서명을 요구하고, 당혹스러운 안내문을 제공하고, 법률용어라는 높은 장벽을 세우고, 그밖에도 수백 가지 다른 방법으로 그들과 우리를 갈라놓는다.

소비자로서 우리는 매일매일 너무 깊은 좌절감에 시달려 우연히 다른 차원의 커뮤니케이션을 경험할 때 놀랄 만큼 반갑고 강렬한 인상을 받는다.

인터넷 은행 ING다이렉트 USA ING Direct USA를 처음 이용할 때 받은 느낌도 그중 하나였다.[7] 이자율이 높고 자유롭게 입출금 서비스를 이용할 수 있는 예금계좌를 찾고 있었기 때문에 수준 높은 고객 서비스까지는 별로 기대하지 않았었다. 하지만 ING다이렉트가 고객경험의 수준을 높이기 위해 사소한 부분까지 신경 쓰고 있다는 사실을 금방 알 수 있었다. 그 시작은 고객이 공유하고 싶다고 의사를 표시할 때만 개인정보를 공유하는 '사전 동의' 방식의 개인정보 정책이었다. 다른 모든 금융사들은 반대로 고객이 거부의사를 따로 표시하지 않으면 (종종 그 일 자체가 어렵다) 그 회사와 그 회사의 사돈에 팔촌 관계인 회사들까지 전부 고객의 정보를 공유하고 갖가지 광고를 쉴 새 없이 퍼붓는다.

비밀번호를 바꾸었을 때 은행에서 보내주는 확인 메일은 컴퓨터가 아니라 사람이 직접 쓴 듯했다. 메일은 이런 문장으로 끝났다. "번호가 맞으면 남은 하루는 멋지게 보내시기 바랍니다." 입출금내역서도 마찬가지였다. 고객센터 연락처도 눈에 잘 띄는 아래쪽에 큼지막하게 표시돼 있다. 그리고 첫 번째 전화번호는 '상담원 연결용' 번호였다. 설마, 자동응답 시스템이 없단 말인가! 전화를 걸자마자 사람이, 그것도 미국에 있는 사람이 직접 전화를 받았다. 이렇게 작은 부분에 관심을 기울이면 놀랍게도 고객경험도 단순해진다. 고객이 신경 쓰는 부분을 미리 알 수 있고 고객이 묻기 전에 회사가 먼저 대답해줄 수 있기 때문이다.

우리는 ING다이렉트의 회장이자 최고경영자인 아카디 쿨만Arkadi Kuhlmann을 직접 만나 더 많은 얘기를 들어보고 싶을 정도로 깊은 감명을 받았다. 결국 그를 만났을 때 이 은행의 단순명료한 커뮤니케이션은 예상보다 더 깊은 철학에서 출발했음을 깨달았다. 쿨만 회장은 "7,000개의 은행이 각자의 목소리로 아우성 대는 상황만 보더라도 사람들의 삶은 이미 복잡하고 시끄러워졌다."고 말했다. 그는 경영이 단순하고 명료할 때 시장에서 더 큰 신뢰와 영향력을 쌓을 수 있다고 설명했다. 그것으로도 모자라다면 사회적 가치를 생각해보라고 했다. "단순함과 명료함은 단지 비즈니스 측면뿐 아니라 미국 사회 전체에 혜택을 가져옵니다. 우리 모두의 생산성이 높아지는 것이죠."

쿨만 회장은 너무 많은 기업이 "충성고객의 숫자나 그들이 갖고 있는 장기적인 가치가 아니라 주주가 원하는 단기적 목표에만 집중하는 것이 한 가지 심각한 문제"라고 지적했다. 이런 경향은 고객 몰래 수수료를 부과하는 행위처럼 여러 가지 불미스러운 관행으로 이어진다.

쿨만은 은행수수료를 반대하는 '반항적인 소비자층'을 끌어오려고 모든 커뮤니케이션 과정에서 수수료가 없다는 점을 특별히 강조했다. '상대를 이해하라.'는 말은 진부한 메시지가 되고 말았지만 ING다이렉트의 혁신은 거기서 출발했다. 그들은 고객에게 전달할 메시지를 세밀하게 조율했고 계좌개설에서 뮤추얼펀드까지 모든 금융상품의 수수료가 낮다는 점을 강조했다. 그밖에도 여러 가지 편리한 서비스가 존재했다. 예를 들면 손쉽게 보조계좌를 개설해 휴가자금 등을 따로 모을 수 있고 잔고를 늘 얼마 이상 유지할 필요가 없는 상품도 있다. 대개 혼란스럽고 난해한 용어로 가득한 모기지 대출상품 역시 단순해졌다. 회사는 고객에게 우선 결과를 빠르게 알려준 뒤 넘겨받은 정보를 검증하는 방식으로 그 절차를 다시 설계했다. 그 결과 자동적으로 채권인수가 이뤄지는, 서류작업이 거의 필요 없는 금융거래를 창조할 수 있었다. 대형은행들이 수없이 많은 종류의 상품을 소개하는 것과 달리 상품의 숫자를 대폭 줄인 것도 브랜드를 돋보이게 만들었다. 고객의 요구에 공감하면서 동시에 스마트한 비즈니스를 추구한 것이다.

고객들이 과연 ING다이렉트를 어떻게 생각하고 있는지는 숫자가 말해준다. ING다이렉트의 고객만족도는 무려 98퍼센트에 달한다. 세계적인 회계법인 프라이스워터하우스 쿠퍼스 PricewaterhouseCoopers가 집계한 세계에서 가장 존경받는 기업 순위에도 들었는데, 특히 CEO들이 꼽은 정직한 금융 브랜드 7개 중 하나에 선정됐다.

또한 ING다이렉트는 대단히 투명한 방식으로 고객만족도를 조사한다. 웹사이트에서 적극적으로 고객의 의견을 수렴하고 조사결과를 다시 공개한다. 여론조사도 정기적으로 실시한다. 쿨만 회장은 여론조사를 문제가 발생한 다음 꺼내드는 검사도구가 아니라 일종의 조기경보 시스템으로 여긴다.

ING다이렉트의 경영철학을 보여주는 사례는 또 있다. 2011년 대형금융사 캐피털원 Capital One이 이 회사를 인수한다고 발표하자 ING다이렉트의 충성고객들은 '친구'를 잃을지 모른다는 걱정에 「뉴욕타임스」에서 기사로 다룰 만큼 많은 양의 이메일을 회사로 보내왔다.[8]

만약 여러분의 회사가 다른 회사에 인수된다고 하면 과연 얼마나 많은 고객들이 근심 어린 편지를 보내올까? 캐피털원이 이런 고객들의 노력에 주목해 ING다이렉트의 정책을 폐기하지 않고 오히려 본받기를 바란다.

ING다이렉트는 사소하지만 종종 무시하기 힘든 방해요소(수수료와 형식적인 이메일에서 취소불가정책에 이르기까지 고객이 괴리감을 느낄 수 있는 모든 요소들)를 제거할 때 완전히 새로운 고객경험을 창조할 수 있음을 알려준다. 그런 방해요소를 없애면 여기저기서 이윤이 줄어들지도 모른다. 하지만 회사는 고객과의 거리를 좁힐 수 있고 회사의 가치를 지지하고 신뢰하는 고객들에게도 회사의 브랜드가 더욱 친근하고 소중해질 것이다.

그런데 그런 방해요소가 무엇인지 어떻게 알 수 있을까? 다시 말해 고객을 괴롭히고 복잡하게 만드는 요소가 무엇인지 어떻게 파악할 수 있을까?

기업은 종종 자신들이 '고객을 이해한다.'고 주장한다. 기업은 시장조사를 벌이고 사람들의 온라인 활동을 분석하며, 데이터베이스를 구축하고 실제와 맞지 않는 것으로 악명이 높지만 포커스 그룹focus group(시장조사나 여론조사를 위해 전체의 특성이 반영되도록 계획적으로 선별한 소그룹 – 옮긴이)도 운영한다. 하지만 아무리 날카롭고 객관적인 데이터일지라도 창조성과 공감이 빠진다면 고객경험의 수준을 높일 수 없다.

연구조사를 활용하거나 소비자의 행동을 관찰하는 등 다양한 방식으로 자신의 창조성을 높일 수 있지만 그런 도구들보다 중요한 것은 진정으로 고객의 입장에 공감하려는 자세다. 그래서 공감이 첫 번째 목표인 기업일수록 고객에게 더 훌륭하고 단순하며 기분 좋은 경험을 선사한다.

**공감은 현장경험을 통해
얻어진다**

공감의 시작과 끝은 주변 환경을 파악하는 일이다. 그리고 직접 겪어보지 않으면 상대방의 환경을 완전히 파악하는 것이 불가능한 경우가 있다. 독창적 조사기법으로 유명한 디자인 기업 아이디오IDEO는 어떤 병원으로부터 의료 서비스를 단순명료하게 디자인해달라고 의뢰받은 적이 있었다. 그때 아이디오의 일부 디자이너는 환자의 눈으로 사물을 바라보기 위해 실제로 병원 침대에 누워 시간을 보내곤 했다. 여러 가지를 새롭게 발견했지만 환자들이 오랫동안 천장을 바라보며 지낸다는 사실에 주목했다. 그래서 병실 천장을 장식한다거나 환자에게 유용한 정보를 제공하는 공간으로 바꾸자고 제안할 수 있었다.[9]

기업들 대부분 스스로 만들어낸 거품에서 헤어나지 못한다. 공감은 어느 정도 상상력이 필요한 일이며 현장경험은 효과적으로 상상력을 발휘해 통찰력을 얻을 수 있도록 도와준다. 많은 인기를 끌었던 TV프로그램 〈언더커버보스Undercover Boss〉에 그 이유가 잘 드러나 있다. 그 프로그램은 현장을 직접 관찰하기 위해 정체를 숨기고 회사의 이곳저곳에서 일해보는 CEO의 모습을 그대로 보여준다. 프로그램에 출연한 CEO는 머릿속의 지식이 아니라 현장에서의 직접적인 경험을 통해 고객과 직원들의 마음에 공감할 수 있게 된다. 유니폼 제조업 체인 유니퍼스트Unifirst의 CEO 로널드 크로아티Ronald Croatti도 이 프로그램에 출연했을 때 얻은 교훈에 따라 몇 가지 작업방식을 개선했다. 다리미질에 들어가기 전 젖어 있는 셔츠 칼라의 단추를 채우는 작업이 꽤 고역이라는 것을 깨달은 그는 일반단추 대신 똑딱단추를 시험 삼아 도입해보았다. 작업은 단순해졌고 다리미질 작업 속도가 빨라져 생산성도 올라갔다.

보통 목표 집단에 직접 참여하는 관찰기법(원문에서는 '민속지학적 연구ethnographic research'로 표현했다. 민속지학ethnography이란 문화인류학에서 특정문화권의 생활상을 연구할 때 사용하는 방법론의 일종으로 그 활용 범위가 넓어져 문화인류학뿐만 아니라 디자인, 생태학, 심리학 등 다양한 분야에 도입되었고 그 과정에서 관찰기법observation이라는 명칭이 더 널리 쓰이게 되었다.—옮긴이)도 유용하지만 공감을 위한 기초 작업에는 페르소나persona기법처럼 더 간단한 방법도 있다.

'페르소나'란 한마디로 다양한 유형의 소비자를 가상으로 표현한 것이다. 가상의 소비자를 설정하는 기준은 소득, 성별, 지역, 소비성향, 운전습관 등 목적에 따라 다양하게 바뀔 수 있다. 우리는 거기에 '정보에 대한 욕구'나 '선호하는 소통 방법' 같은 것도 포함시키라고 조언한다. 소비자가 어떤 종류의 커뮤니케이션을, 얼마나 선호하는지 알려주는 기준들이다. 금융회사에서 일한다면 고객이 온라인으로 자신이 직접 투자하는 것과 중개인을 통해 투자하는 것 중 어느 것을 더 선호하는지 반드시 알아야 한다. 그래야만 고객경험을 어떻게 단순명료하게 만들지 정할 수 있다.

　소셜미디어의 등장으로 자신의 열망, 요구, 꿈에 대해 이야기하는 사람들의 생생한 목소리를 들을 수 있는 기회가 그 어느 때보다 많아졌다. 명심할 점은 새로운 미디어를 사용해 고객을 만나는 것과 그것을 사용해 고객의 온라인 활동을 추적하는 것은 전적으로 다르다는 것이다.

　이와 관련해 가끔 인터넷용어 '쿠키cookies'는 사냥감을 쫓을 때나 쓰는 '핏자국'이란 말의 애교 섞인 완곡어법이 아닐까하는 생각이 들기도 한다('쿠키'는 인터넷 방문기록을 저장한 임시 파일을 의미한다. 쿠키 파일은 인터넷을 더욱 빠른 속도로 이용할 수 있게 해주지만 개인정보가 유출될 위험이 있어 주의가 필요하다. 쿠키라는 이름의 유래에 대해서는 다양한 설명이 있지만 그중 한 가지는 동화 속 인물인 헨젤과 그레텔이 숲속에서 길을 잃지 않으려고 쿠키 조각을 길에 뿌려놓았다는 데서 착안했다는 주장이다.-옮긴이). 고객의 사생활 침해를 공감이라 부를 수는 없다. 고객에 대해 더 많은 것을 알고 싶겠지만 오히려 고객과 더 멀어질 뿐이다.

　정보를 간단명료하게 전달하려면 대중을 이해하고 그들의 다양성을 인정해야 한다. 그런데 정부기관에서 좋은 의도로 기획한 수많은 정책과 문서들이 문화적 다양성에 대해 얼마나 무심한지 알게 되면 놀랄 것이다. 예를 들면 무료급식 신청서가 필요한 사람들은 분명히 정해져 있다(자녀가 학교에 다니고 있는 저소득층). 따라서 아래의 질문은 중산층에 속해 있고 학력이 높은 사람의 입장에서는 꽤 솔직하게 보일지 모르지만, 이민자에게는 위협적이고 불쾌하게 느껴질 것이다.

> 무료급식을 신청하려는 아이가 노숙자, 이주민, 가출 청소년일 경우 이 번호로 연락 주십시오.
> 담당자 앤 스미스, 연락처 555-5555 (직통 번호 555)
> - 노숙자
> - 이주민
> - 가출 청소년

이 번호로 연락하면 정부가 도와주기는커녕 아이를 강제로 데려갈 것이라 생각하는 사람들도 분명히 있을 것이다.

취지가 아무리 좋아도 상대방의 문화적 차이와 태도를 이해하고 존중하지 않으면 도움의 손길을 내미는 일조차 완전히 실패할 수 있다. 이민자들이 주로 사는 지역에서 유아용 카시트 사용률을 높이는 캠페인은 성공하기 쉽지 않다. 그런데 대다수의 주민들이 히스패닉이었던 댈러스 주의 한 지역에서는 뜻밖에 대성공을 거뒀다. 무엇 때문이었을까? 바로 정책을 추진했던 사람들이 지역문화에 깊이 빠져든 덕분이었다. 그들은 정책의 내용과 취지를 선전하기에 가장 좋은 장소가 어딜까 예상했고 어떻게 정책에 종교 및 문화적 색깔을 입힐지 고민했다(그 지역 성당 사제들은 미사를 드리기 전 신도들로부터 카시트에 축복을 내려달라는 부탁을 받았다). 무엇이 아이를 둔 부모들의 마음을 바꿀 수 있는지 파악하는 일은 단지 문맹률뿐만 아니라 그들의 가치관까지도 조사하는 일이다.[10]

고객 입장에서 생각하고
직접 대면하라

제품과 서비스에서 홈페이지, 편지와 청구서에 이르기까지 이상적으로 보면 기업이 내놓는 모든 것에 고객의 입장으로 바라보려는 노력이 담겨 있어야 한다. 조직이나 기업을 상대할 때 고객은 그들로부터 사람 대접을 받기 원한다. 그리고 기업은 가장 사소한 접촉이나 지극히 평범한 커뮤니케이션에서도 그런 느낌을 전달할 수 있다. 단순명료한 설명서, 쉽게 읽고 이해할 수 있는 명세서나 청구서처럼 기업이 고객을 이해하고 존중하고 있다는 것을 드러낼 수 있는 방법은 수없이 많다.

기업이 수백만 달러를 들여 브랜드를 한껏 꾸며놓고도 겨우 글자 몇 줄로 이미지를 망치는 것을 볼 때마다 놀라울 따름이다. 사실 이메일, 내역서, 계약서, 제안서, 안내서, 신청서, 콜센터의 안내 멘트처럼 고객에게 직접 전달되는 종류의 커뮤니케이션이 광고보다 더 큰 목소리를 낸다. 이 숨어 있는 접점들은 고객과의 관계를 결정짓는 중요한 요소로 취급돼야 한다(그림 3-1 참고). 어떤 형식이든 오직 받는 사람만을 위한 것이라는 느낌을 전달해야 하고 브랜드의 성격과 가치도 충분히 담겨 있어야 한다.

여기서 흥미로운 순환작용이 일어난다. 계약서, 보험 약관, 법적 동의서, 제품설명서를 접할 때마다 혼란스럽고 불쾌해진다면 고객들은 당연히 그것들을 외면하기 시작한다. 그러면 기업들은 고객들이 이런 것에 관심을 두지 않는다며 커뮤니케이션을 단순하게 바꾸는 일에 시간과 돈을 투자하지 않겠다고 결정한다.

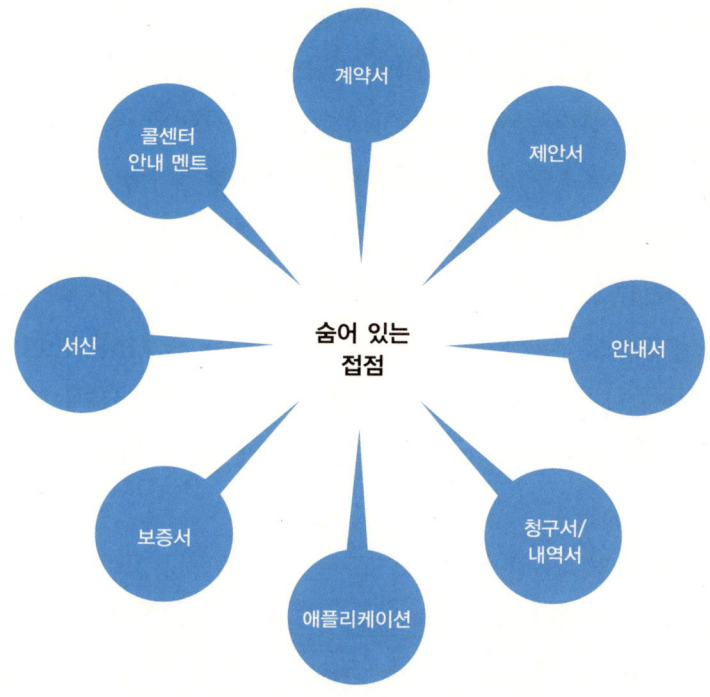

그림 3-1 일상에서 우리를 복잡하게 만드는 여러 양식들.

이때부터 기업은 이 문제를 그저 '필요악'이나 '관행적 서류작업'으로만 취급하는 태도를 갖게 되고 이어서 서류양식이나 홈페이지 제작을 혁신보다 절충을 좋아하는 변호사나 엔지니어에게 맡겨버린다.

그 결과 장황하고 산만하며, 부정확하고 군더더기 투성이인 커뮤니케이션이 탄생한다. 게다가 이 악순환은 멈추지 않고 계속된다. 기업과 고객이 이 숨어 있는 접점에서 날마다 만나기 때문이다. 동시에 기업이 고객의 신뢰를 쌓고 이탈을 막을 수 있는 좋은 기회를 계속 버리는 셈이다.

"사용하기 편리합니다."라고 말로 하는 것보다 고객이 직접 느끼게 만드는 게 훨씬 효과적이다. 그래서 고객과 만나는 지점이 아무리 사소할지라도 세심한 주의를 기울여야 한다.

커뮤니케이션이 단순해진 기업은 혼란에 빠진(게다가 화가 난) 고객을 전화로 응대할 때 시간과 돈을 아낄 수 있고 매출도 끌어올릴 수 있다. 자체 조사 결과 설명서의 내용이 명확하지 않으면 소비자들은 제조사나 판매사에 연락할 가능성이 높아지고 그 회사의 제품을 다시 구매할 의향도 줄어드는 것으로 밝혀졌다.

모든 커뮤니케이션 과정을 단순명료하게 만들려고 최선을 다했더라도 고객의 전화는 걸려올 것이다. 그럴 때는 방법이 하나 있다. 그냥 전화를 받는 것이다. 통신회사라면 더욱 그렇다. 얼마 전 우리가 만난 한 통신회사는 요금 청구서에서 고객센터 전화번호를 빼고 싶다고 말했다. 전화번호를 보고 고객들이 전화를 더 걸지도 모른다는 이유였다. 고객의 전화사용을 막는 통신회사라니 뭔가 잘못돼도 한참 잘못됐다.

> 때로 가장 단순한 소통방법은 회사 안의 누군가가 고객과 직접 대화를 나누는 것이다. 하지만 기업은 그것을 하나의 특별 서비스로 만들어버렸다. 마케팅 분야에서 유명 블로거로 활동 중인 B. L. 오크만B.L. Ochman은 최근 「포춘」 선정 50대 기업 중 오직 세 군데만 홈페이지에 전화번호를 표시했고 일부 기업은 연락할 방법을 아예 알려주지 않는다고 지적했다.[11]

기업이 실제로 어떻게 장벽을 만들어 고객과 멀어지는지 잘 보여주는 사례다. ARS 서비스를 도입하거나 콜센터를 다른 회사에 맡기는 일처럼 고객과의 인간적인 접촉을 거부하는 모든 일은 이러한 장벽이 될 수 있다. 재밌는 것은 비즈니스를 단순하게 바꿀 것이라 예상한 자동화기술이 오히려 고객 입장에서는 정반대의 결과를 초래한다는 점이다. 테크놀로지는 경이로운 일을 해낼 수 있지만 특별한 문제가 생겼을 때는 무용지물이기도 하다. 그럴 경우 가장 간단하고 만족스러운 해결책은 역시 사람과 사람이 직접 만나는 것이다.

공감이
단순함의 시작이다

고객 서비스의 인간적 요소를 버리지 않고도 비즈니스는 단순해질 수 있다. ING다이렉트는 사업을 대단히 짜임새 있게 운영하면서도 고객과 언제든 직접 전화로 상담할 수 있도록 노력한다. 사우스웨스트 항공도 경제적인 서비스 운영을 자랑하지만 승객과의 인간적인 접촉을 늘 더 중요하게 여긴다.

이 사례들은 불황일수록 허리띠를 최대한 졸라매야 한다는 비즈니스의 불문율에 의문을 제기한다. 실제로 단순함은 비용을 줄일 수 있는 훌륭한 방법이지만 고객 서비스의 품질을 희생했다면 얘기가 다르다. 기업들이 고객 서비스를 다른 회사에 맡겨버리거나 ARS 서비스를 도입하거나 틀에 박힌 우편물만 제작하는 식으로 비용을 아끼려고 한다면 고객과의 관계를 끈끈하게 유지할 수 있는 기회를 모조리 내던지는 것과 같다.

고객의 전화를 받고 제대로 일을 처리하면 수익도 빠르게 증가할지 모른다. 영국의 컨설팅 기업인 하딩앤드요크Harding & Yorke가 최근 실시한 조사에 따르면 전화상담 서비스의 품질과 고객과의 공감에 신경을 쓰는 기업일수록(콜센터 직원이 고객의 문제를 공감하고 자세히 파악할 수 있도록 더 긴 상담시간을 허용할 경우) 회사의 수익률도 높았다.[12]

비즈니스 분야에서 사람들은 이제야 비로소 '다른 사람의 입장에서 생각하라.'는 주장을 신뢰하기 시작했다. 고객을 '표적target'으로 여기는 경영자 입장에서 볼 때 공감을 안일한 감정이 아니라 하나의 진지한 경영방식으로 받아들이는 것은 커다란 도박처럼 보일 수 있다. 그러나 단순해지려면 무엇보다 우선 공감할 줄 알아야 한다. 공감이 단순함의 시작이기 때문이다.

[Chapter 4]

핵심만 뽑아내라

다 잡으려다 다 놓친다.
가장 중요한 핵심만 남기고 나머지는 버려라.

지금은 구글이 유명해졌지만, 두 젊은이가 검색 엔진을 처음 선보였을 때만 해도 그들이 검색 서비스를 제공하는 최초의 회사는 아니었다. 하지만 구글은 검색시장에서 금세 입지를 다졌고 빠르게 경쟁자들을 물리쳤다.

많은 전문가가 인정했듯이 그 후 몇 년 동안 구글의 단순한 홈페이지는 회사가 인기를 끌고 성공하는 데 큰 영향을 미쳤다. 실제로 최근에 브랜드 컨설팅업체 시겔+게일Siegel+Gale에서 2011년 '글로벌 브랜드 단순화 지수Grobel Brand Simplicity Index'를 발표하기 위해 6,000명이 넘는 사람들을 대상으로 조사했을 때 구글은 독보적 1위를 차지했다. 투명하고 단순하고 만족스러운 경험을 선사한다는 점 때문에 사람들은 구글을 다른 어떤 브랜드보다 높게 평가했던 것이다.

> 집중이란 거부하는 것이다. '아니오'라는 말을 수없이 반복해야 한다. 그렇게 한곳에만 집중했을 때 정말로 멋진 제품이 나올 수 있다.[2]
> ─ 스티브 잡스 Steve Jobs

하지만 어째서 구글만 그토록 깔끔하고 단순한 검색창을 선보였을까? 다른 기업은 왜 따라하지 않았을까? 이 경우처럼 적은 것이 확실히 더 좋은 것이라면 서비스를 줄이는 것은 당연하다. 검색 서비스를 운영하는 기업이라면 서비스를 줄이는 것보다 현명하고 손쉬운 사업전략은 없을 것이다.

사실 단순하게 만드는 일은 생각보다 더 어려운 작업이다. 오직 구글만 그렇게 단순명료한 화면을 보여주는 것도 그런 이유에서다. 그렇다면 구글은 덧붙이고 복잡하게 만들고 싶은 유혹을 어떻게 참았을까? 캘리포니아 마운틴뷰 Mountain View에 있는 구글 본사를 방문했을 때 우리는 몇 가지 놀라운 사실을 알아냈다.

구글의 홈페이지는 우연히 탄생한 게 아니었다. 처음부터 단순하지는 않았다는 뜻이다. 구글은 검색결과 창에 추가할 내용과 빼야 할 내용을 철저히 선별하는 시스템을 개발했다. 그래서 구글의 경영진은 창조적이며 의욕적인 기술진 앞에서 단호한 입장을 취하거나 종종 고객의 요구마저 묵살해야 했다.

구글은 새로운 기능이나 화려한 디자인, 그밖에도 복잡함을 불러올 만한 요소들을 추가하자는 제안이 나올 때마다 그저 "안 됩니다."라고 대답해야 했다. 복잡함을 예방하려는 이 힘든 싸움은 얼마 전까지 관리이사였던 마리사 메이어 Marissa Mayer의 몫이었다. 노하우를 물어보자 메이어는 기술전문가가 아니라 영화판의 캐스팅 감독의 입에서 나올 법한 얘기를 들려주며 우리를 놀라게 했다. 메이어는 구글의 홈페이지에 새로운 디자인을 도입하려면 반드시 '오디션'을 거쳐야 한다고 설명했다. 일단 새 디자인은 구글의 상세검색advanced search 화면에서 어떻게 나타나는지 테스트를 받는다. 그러나 거기서 가능성을 충분히 보았더라도 구글이 독자적으로 개발한 혹독한 평가 시스템을 다시 한 번 거쳐야 한다.

평가 시스템은 이렇게 진행된다.

1. 글꼴, 글자크기, 색상의 변화를 기준으로 점수를 매긴다.
2. 점수를 합산해 총점이 3점 이상이면 탈락이다.

홈페이지 디자인의 목표는 총점을 최대한 낮추는 것이다. 메이어는 말한다. "점수가 높을수록 그만큼 복잡하다는 뜻이죠."

이렇게 불필요하다고 생각하는 부분을 과감히 없애다 보면 단순하지만 인간미도 없는 화면이 탄생할 수 있다. 그러나 구글의 홈페이지는 전혀 그렇지 않다. 수백만 명이 단지 날마다 변하는 구글의 로고를 구경하려고 홈페이지를 찾는다. 구글은 수많은 요소들이 군더더기로 보일 수 있다는 사실을 깨달았지만 브랜드의 개성을 드러내는 유쾌한 요소를 집어넣는 일도 중요한 일이라 생각했다. 그것이 단 하나의 작은 차이라 할지라도 말이다.

여러 가지 면에서 구글의 서비스는 사실 치약 같은 생활용품과 성격이 비슷하다. 하지만 메이어는 이렇게 말한다. "치약의 디자인이 예상할 수 없는 모습으로 매순간 바뀐다고 생각해보세요." 그 순간 치약을 만든 회사가 다르게 보일 것이다.

> 단순함은 너무 적은 것과 너무 많은 것 사이의 딱 한가운데 놓여 있다.
> 조슈아 레이놀즈 Joshua Reynolds
> (18세기 영국 화가)

구글은 고객이 원하는 일이라도 방침을 바꾸지 않을 만큼 단순함에 집중한다. 예를 들면 구글이 이용자들에게 "한 페이지에 검색결과를 더 많이 보여주면 어떨까요?"라고 물었을 때 그들은 하나같이 좋다고 대답했다. 어느 누가 더 많은 검색결과를 보여준다는데 마다하겠는가. 하지만 메이어는 "우리는 사람들의 요구를 들어주지 않습니다."라고 잘라 말한다.

사람들 대부분 깨닫지 못하지만 구글은 더 많은 검색결과를 보여줄 때 결과를 표시하는 시간이 늘어나 속도는 느려지고 결국 사용자 경험 user's experience 의 질도 떨어진다는 사실을 알고 있었다.

메이어는 이렇게 설명한다. "고객은 보통 그들의 선택이 실제 어떤 결과로 이어질지 모릅니다. 그것을 미리 파악하는 것이 우리의 임무죠. 우리는 한 페이지당 10개의 검색결과가 가장 적당하다는 것을 찾아냈습니다. 구글은 그것을 바꾸지 않을 것입니다." 한마디로 구글은 고객이 더 많은 것을 원할 때조차 더 적은 것을 줄 수 있는 배짱이 있는 것이다.

때로는 단순하게 만드는 것이 사람들의 요구를 만족시키기 위해 오히려 제품과 서비스의 범위를 줄이는 일이기도 하다는 의미다. 어떤 종류의 제품과 서비스든 알맹이만 남을 때까지 불순물을 계속 골라내야 한다. 덧붙이고 키워서 복잡하게 만들고 싶은 충동을 느끼더라도 집중력과 원칙을 유지해야 하기 때문에 결코 쉬운 일이 아니다.

단순해지려면 킬러가 돼라

제품과 서비스, 커뮤니케이션과 고객경험, 법률과 규정처럼 무엇이든 단순한 것을 창조하려는 사람이라면 쓸데없는 요소를 선별하고 편집할 때, 속된 말로 죽여야 할 때 주저하지 않아야 한다. 그래서 할리우드의 영화제작자들은 '자식을 죽인다 killing your baby'는 표현까지 쓴다. 이 표현은 화려한 장면, 개성적인 캐릭터, 기발한 대사처럼 꼭 넣고 싶은 요소지만 이야기 전개에 별 도움이 되지 않아 결국 포기해야 할 때 느끼는 창작자의 고통을 의미한다. 만약 제작자가 그렇게 하지 않으면 말하는 내용이 무엇인지 알 수 없는 네 시간짜리 영화가 탄생할 것이고 관객들은 날아가버린 네 시간과 관람료 15달러를 돌려달라고 아우성칠지 모른다. 마찬가지로 제품과 서비스, 커뮤니케이션 그리고 비즈니스 모델의 큰 그림을 그릴 때도 단순해지려면 무자비한 킬러가 될 수밖에 없다.

따라서 본질을 파악해 무엇을 죽이고 살려야 할지 알아내는 것이 중요하다. 기업은 본질을 파악하기 위해 고객에게 의지할 수 있고 또 의지해야만 한다. 그러나 구글의 사례에서 보았듯이 고객이 틀릴 때도 있다는 사실을 기억해야 한다. 고객은 꼭 필요한 것이 아니라도 더 많은 것을 원하기 마련이고 기업도 실적을 올리려는 욕심에 더 많은 것을 제안하기 마련이다.

어떻게 보면 소비자 시장에서 단순해진다는 것은 단기적 충동과 장기적 목표 사이에서 벌어지는 싸움과 같다. 로드아일랜드 디자인스쿨 Rhode Island School of Design 총장이자 오랫동안 단순함의 철학을 추구해

온 존 마에다 John Maeda는 대부분의 사람들은 더 많은 것을 원한다고 설명하며 이렇게 말한다. "많을수록 안전하다고 느끼죠." 물건을 사기 전 다양한 기능은 매력적으로 보일 수 있지만 물건을 산 다음에도 그 매력이 유지되는 것은 아니다. 존 마에다는 "사고 싶다는 기분이 들 때는 더 많은 것을 원합니다. 하지만 매일 사용하다보면 더 적은 것을 원하게 되죠."라고 지적한다.[3]

실제로 다양한 기능을 가진 제품이 집으로 왔을 때 많은 이들이 우선 뭘 해야 할지 모른다. 최근 한 연구에 따르면 사용법을 알 수 없다는 이유로 판매된 제품의 상당수가 그대로 상점으로 돌아온다고 한다. 같은 연구에서 미국인은 새로 산 제품의 사용법을 파악하느라 평균 20분을 소비하며 20분이 지나도 알 수 없을 때는 제품을 포기하고 상점으로 돌려보내는 것으로 밝혀졌다. 그리고 이렇게 제품을 반환하는 일에 미국에서만 연간 1,000억 달러의 비용이 들어간다.[4]

그런데 그 1,000억 달러 속에는 낮아진 회사 평판과 고객충성도는 들어 있지 않다. 제품의 복잡한 기능 때문에 언젠가 머리끝까지 화가 났던 고객들은 그 브랜드를 다시 찾지 않을 것이다. 사실 어떤 종류의 신제품도 사고 싶지 않을 것이다. 시장조사업체인 양키그룹 Yankee Group에 따르면 소비자의 절반이 사용하기가 너무 복잡할 것 같아 그 제품의 구매를 망설인다고 밝혔다.

이런 현상은 엔지니어와 마케팅 담당자들에게 어려운 수수께끼를 안겨준다. 네덜란드 델프트 공대 Delft University of Technology의 야스퍼 반 퀴즈크 Jasper van Kuijk 교수는 제품이 단순하고 실용적일 때 소비자는 그 제품을 더 많이 찾으며 기업도 고객만족과 브랜드의 장기적 성공을 이룰 수 있다고 설명한다. "회사가 단기적 성과에만 집중하거나 지금 당장 매출을 키워야 한다면 단순한 제품이 꼭 정답이란 보장은 없습니다. 소비자가 늘 단순한 제품만 원하는 것은 아니니까요. 사실 기능이 많을수록 인기도 높을지 모릅니다. 그래서 제품에 최소한의 기능만 집어넣는 것은 모험일 수 있습니다."[5]

더 많은 것을 제공하라는 압박은 소비자에게서만 나오는 것이 아니다. 마케팅의 관점에서도 기업은 경쟁사보다 가능한 더 많은 고객을 끌어와야 한다. 그런데 수없이 많은 소비자들이 각자 어떤 부가기능에 마음을 뺏길지 어느 누가 알겠는가? 그래서 비디오카메라의 버튼은 점점 많아진다. 더 다양한 방식으로 동영상을 촬영하고 줌을 조절하고 편집할 수 있도록 변하며 사용설명서 역시 두꺼워진다. 하지만 결국 전부 애물단지가 되어 창고에 방치된다.

훌륭한 디자인은
복잡한 기능을 감추는 것이다

이따금 누군가는 이 모든 일이 말이 안 된다는 것을 깨닫는다. 신생기업인 퓨어디지털Pure Digital과 디자인 회사인 스마트디자인SmartDesign은 몇 년 전 공동으로 캠코더 플립 비디오Flip Video를 시장에 내놓았다. 이 제품에 대해 「월스트리저널」은 "기절할 만큼 단순하다."며 열렬히 환영했다.[6] 플립은 녹화를 시작하고 중단하는 커다란 빨간 버튼 외에 아무런 버튼도 달려 있지 않다. 델프트 공대의 반 퀴즈크 교수도 이렇게 말한다. "그 당시 모든 기업이 줌이나 화소에 집착해 대단히 복잡한 제품을 만들고 있었기 때문에 플립은 세상을 깜짝 놀라게 했습니다. 플립은 특별한 조작이 필요 없어 누구든, 심지어 유치원생도 동영상을 만들 수 있죠."

물론 이 완벽한 단순함도 결코 우연이 아니었다. 플립을 공동 개발한 스마트디자인의 나산 셰퍼드Nasahn Sheppard는 이렇게 얘기한다. "(모든 과정을 통틀어) 우리는 '무엇을 집어넣을 수 있을까?'가 아니라 '무엇을 뺄 수 있을까?'를 끊임없이 물었습니다."

실제로 플립의 개발과정은 처음부터 단 하나의 아이디어에만 매달렸다. 바로 '단순함을 유지하라'였다. 그리고 이런 통찰력은 공감에서 비롯되었다. 광범위한 시장조사를 벌인 스마트디자인과 퓨어디지털의 연구진은 캠코더 제조사들이 애써 외면하고 있는 중요한 문제를 하나 발견했다. 이는 '방안의 코끼리elephant in the room'나 더 정확히 표현하면 '옷장의 꼭대기 칸'이라고 부르는 현상이었다(방안의 코끼리가 있는 것처럼 누구나 알고 있고 심각한 문제지만 언급하거나 나서서 해결하려는 사람이 없는 문제를 가리키는 영어표현이다. 옷장의 꼭대기 칸은 저자가 만든 표현으로 온갖 잡동사니를 옷장 꼭대기 칸에 밀어넣는 것처럼 다루기 꺼리는 문제를 의미한다.―옮긴이).

소비자는 캠코더가 너무 복잡하고, 부피가 크고, 사용자를 무시하고 그래서 중요한 순간을 기록하는 데 쓸모가 없기 때문에 캠코더를 버려두고 있었다. 그들은 아무 때나 주머니에서 꺼내 곧바로 사용할 수 있는 제품이 필요했다. 캠코더 제조사들은 기능경쟁에만 몰두해 반 퀴즈크 교수가 지적하듯 "최고의 카메라란 갖고 다니면서 정말로 쓸 수 있는 것"이라는 기본정신을 놓치고 있었다.

플립을 공동 개발한 스마트디자인의 리처드 화이트홀Richard Whitehall 은 이런 깨달음이 전체 개발과정을 이끈 원동력이었다고 얘기한다. 누군가 기능이나 버튼을 덧붙이자고 할 때마다 회사는 제품의 기본 취지를 다시 강조했다. "뭘 기획하든 초기에 목표를 확실하게 정해 모두가 거기에 동의하도록 만들어야 합니다." 기능이 슬그머니 늘어나는 현상을 의미하는 피처크립feature creep을 막을 수 있는 유일한 방법이기도 하다.

화이트홀은 그런 현상이 일어날 수밖에 없는 이유에 대해서도 설명했다. "처음의 목표는 단 하나였을지 모릅니다. 하지만 일을 하다 보면 '그래, 이걸 했으니 아마 저것도 가능하겠지. 고객층도 늘릴 수 있을 거야.'라고 생각하는 시기가 꼭 찾아옵니다. 그래서 그것을 하려면 뭘 포기해야 하는지 늘 다시 질문해야 합니다."

퓨어디지털과 스마트디자인의 엔지니어와 디자이너들은 소비자들이 캠코더가 있는데도 너무 자주 그들의 소중한 순간을 놓친다는 것이 회사가 다뤄야 할 핵심문제임을 모두에게 끊임없이 상기시켰다.

그래서 회사는 한 가지 절대적인 원칙을 세웠다. 바로 처음 본 사람도 30초 안에 사용법을 알 수 있는 간단하고 편리한 제품을 만든다는 것이었다.

단순한 제품을 만드는 일은 쉽지 않다. 제한된 범위 내에서 무엇을 살리고, 무엇을 죽일지 늘 고민해야 하고 품질, 기능성, 편리함 사이에서 적절한 균형도 찾아야 한다. 외부 디자인도 빼놓을 수 없다. 단순한 제품은 첫눈에 제품의 쓰임새

> 훌륭한 디자인은
> 모습을 감추는 것이다.
> 그렇게 함으로써
> 고객의 마음을 사로잡는다.[7]
> 잭 도시Jack Dorsey(트위터 공동창립자)

와 사용법을 파악할 수 있어야 한다. 애플의 제품은 품질, 기능성, 편리한 사용법, 단순하고 우아한 디자인이라는 네 박자가 한 번에 잘 맞아떨어졌기 때문에 성공한 것이다.

디자이너들은 플립이 단순하면서도 사용하기 편하고 본연의 기능에 충실하길 원했다. 그래서 다양한 기능을 집어넣는 일에 별로 집착하지 않았다. 플립이 해야 할 일은 멋진 동영상을 찍는 것과 그 동영상을 온라인으로 공유하는 것, 두 가지 뿐이었다. 동영상 전문 사이트 유튜브YouTube에 촬영한 동영상을 쉽게 올릴 수 있도록 플립은 접었다 펼 수 있는 USB 연결장치를 내장하고 있다. 따라서 동영상을 찍은 다음 컴퓨터에 꽂기만 하면 끝이다. 메모리카드, 전송 케이블, 디스크 따위가 전혀 필요 없다.

잡다한 부가기능 대신 플립은 동영상의 품질에 집중했다. 훨씬 더 작고 얇게 제작할 수 있었지만, 단순할 뿐만 아니라 성능도 **훌륭**한 제품이어야 했기에 완성된 제품은 주머니에 들어갈 만한 크기였다.

퓨어디지털은 고성능 렌즈를 채택했고 어떤 조명에서도 부드러운 화면이 나오도록 내장형 노출조절기능도 직접 개발했다. 복잡한 공학기술이 필요한 기능이었음에도 겉으로는 전혀 알아볼 수 없다. 그 기능은 제품의 내부에서 보이지 않게 작동하며 사용자는 아무것도 할 필요가 없다. 이 부분에서 플립의 디자이너들은 '단순한 디자인'의 가장 중요한 원칙을 지키고 있다. 그것은 바로 사용자가 방해되지 않도록 복잡한 요소를 보이지 않는 곳으로 옮겨야 한다는 원칙이다.

여러 가지를 그럭저럭 하기보다
한 가지만 제대로 하라

플립은 시장에 출시된 후 6개월 동안 200만 대가 팔렸고 가장 잘 팔리는 캠코더가 되었다. 2011년 플립의 시장점유율은 무려 37퍼센트였다. 그런데 그해 예상치 못한 사건이 벌어졌다. 시스코 시스템즈Cisco Systems가 퓨어디지털을 인수한 뒤 플립의 생산을 중단한다고 발표한 것이다. 아름다울 정도로 단순하고 시장에서도 독보적 위치에 있던 제품이 갑자기 왜 그런 운명을 맞게 되었을까?

누군가는 세상에서 가장 단순한 캠코더가 똑같이 단순함을 추구했던 스티브 잡스를 만나 힘을 잃었다고 말한다. 스티브 잡스는 2011년 초 이미 고해상도 동영상 촬영기능을 애플의 아이폰에 집어넣을 수 있는 기술을 확보하고 있었다. 따라서 시스코는 시장에서 플립의 수명이 얼마 남지 않았다고 확신했을지 모른다. 스마트폰에도 똑같은 기능이 들어 있는데 어느 누가 캠코더를 따로 들고 다니겠는가? 이 질문은 단 하나의 기능만 훌륭하게 처리할 수 있는 제품이 시장에서 아직 설 자리가 남아 있는지 묻는 것과 같다. 기능마다 편차가 있기는 하지만 아이폰으로 할 수 있는 일은 많다. 그러나 아이폰의 캠코더 기능이 아무리 다루기 쉽더라도 이제 다시 볼 수 없는 플립의 빨간 버튼처럼 간편한 것은 아니다.

스마트디자인의 나산 셰퍼드는 플립이 아이폰과 공존할 수 있었을 것이라고 생각한다. 전화기는 전화기의 기능만을, 캠코더는 캠코더의 기능만을 갖고 있길 바라는 사람도 있는 것이다. 셰퍼드는 세계 최대의 인터넷 쇼핑몰 아마존Amazon에서 출시한 전자책 단말기 킨들Kindle

을 예로 든다. "킨들에 더 많은 기능을 집어넣을 수도 있겠죠. 하지만 아마존은 자제력을 발휘해 단순함을 유지하고 그저 독서의 즐거움을 높이는 데 집중합니다. 가끔은 여러 가지를 그럭저럭하기보다 한 가지만 제대로 하는 게 낫죠."

최근 지터버그폰Jitterbug phone이나 존스폰John's Phone처럼 극도로 단순한 휴대전화가 등장한 배경에도 이런 생각들이 들어 있다. 존스폰을 공동 개발한 네덜란드 출신의 두 디자이너 헤인 메비센Hein Mevissen과 디에데리크예 복Diederiekje Bok은 사람들이 들고 다니는 휴대전화들을 쳐다보다 문득 이런 의문이 들었다. 전화기는 왜 전화만 걸면 안 되는 걸까? 왜 모든 일을 다 해야만 하지?

모토롤라 드로이드X2, HTC 에보쉬프트4G, 삼성 갤럭시S2, 림 블랙베리커브 같은 복잡한 휴대전화가 홍수처럼 쏟아져나올 때 두 사람은 최대한 단순한 전화기를 구상했다(이름도 단순하다). 존스폰은 큼지막한 번호판과 전화 걸기 및 끊기 버튼이 사실상 기능의 전부다. 물론 전화를 걸 때 쓰는 물건이지만, 어떻게 보면 전화를 걸기 어렵고 배터리가 방전되고 신호가 잡히지 않을 때처럼 스마트폰이 안겨주는 갖가지 당혹감을 없애는 것이 진짜 용도일지도 모른다. 존스폰의 배터리는 한 번 충전하면 한 달 가까이 쓸 수 있고 전 세계 어디서든 전화를 걸고 받을 수 있다. 특히 첨단기술을 거부하려는 사람들 사이에서 인기를 끌고 있는 이 전화기는 초등학생, 눈이 안 좋거나 손가락이 큰 사람들에게 안성맞춤으로 보인다. 물론 자신의 이름이 존John이라면 금상첨화다. 철저하게 현실적인 스타일을 추구해(상식적인 스타일이라고 할 사람도 있을 것이다) 오직 전화를 걸어 대화를 나누고 전화를

끊는 것이 전부인 제품이다.⁸

흥미롭게도 현재 휴대전화를 단순하게 만들려고 노력하고 있는 사람 중 한 명은 휴대전화를 최초로 개발한 인물과 결혼한 사이다. 알린 해리스Arlene Harris의 남편 마틴 쿠퍼Martin Cooper는 1970년대에 모토롤라Motorola에서 최초로 무선전화기를 개발한 인물이다. 당시에는 이동할 때도 전화를 걸 수 있는 장치를 만드는 게 휴대전화의 유일한 목적이었다(시대가 참 많이 변했다는 생각이 들지 않는가). '스마트'란 명칭을 얻을 정도로 휴대전화의 기능이 많아진 요즘 알린은 기본으로 돌아가야겠다고 생각했다. 그래서 삼성전자와 공동으로 지터버그폰을 만들었다. 단순하다는 점에서 존스폰과 비슷하지만 노년층 소비자의 요구를 더욱 중점적으로 반영한 제품이다.⁹

노년층(그래서 누구든지)도 쉽고 편하게 쓸 수 있도록 지터버그폰은 여러 가지 기능을 갖고 있다. 외부 소음을 줄이기 위해 귀에 대는 부분이 컵처럼 귀를 오목하게 감싸고 있고, 볼륨 버튼으로 음성을 더욱 또렷하게 조정할 수도 있다. 그러나 정작 눈길을 끄는 부분은 이 전화기에 빠진 요소들이다. 전화기를 끄거나 켜려면 몇 초씩 걸리던 운영체제나 각종 버튼은 물론이고 아이콘도 전혀 보이지 않는다. 대신 오직 전원을 끄고 켤 때 사용하는 버튼이 새롭게 달려 있고 기억하는 데 어려움을 느끼는 노인들을 위해 패스워드도 물어보지 않는다(사실 누구나 그렇지 않은가).

사용설명서를 읽거나 구매한 다음 설정을 맞추는 데 몇 시간씩 허비할 필요도 없다. 지터버그폰은 전화나 인터넷으로만 주문할 수 있지만 그 과정은 꽤 인간미가 넘친다. 서비스센터 직원은 제품을 배송하기 전 고객이 실제로 사용하는 기능만 전화기에 설정해놓거나 심지어 자주 사용하는 번호를 직접 입력해주기도 한다.

지터버그폰의 중요한 디자인 원칙은 모든 요소가 '친근해야' 한다는 것이었다. 그래서 사용설명서도 서류철에 넣기 좋게 획기적인 카드 형태로 만들었다. 그리고 한 장의 카드에 한 가지 설명만 담겨 있어 구매자가 원하는 기능만 골라 설명서를 만들어 제품과 함께 배송할 수 있다. 또한 한 번만 접혀 있는 우편엽서 크기의 간단한 요금 청구서를 사용한다.

55세 이상 중장년층 소비자의 다양한 요구를 만족시키기 위해 지터버그폰은 두 가지 모델을 제공한다. 누르기 편한 적당한 크기의 키패드를 가지고 있는 모델과 '원터치 지터버그One Touch Jitterbug'라는 별명을 가지고 있는 모델이다. 원터치 지터버그 모델은 버튼이 세 개밖에 없으며 하나는 911센터로, 다른 하나는 통신사 교환센터로 연결되며 나머지 하나는 사용자가 원하는 대로 설정할 수 있다. 이 모델은 자신은 쓸 일이 없지만 자녀들 때문에 휴대전화가 필요한 노인을 위해 만들어졌다.

지터버그 휴대전화는 이름을 비롯해 거의 모든 요소가 매력적이다. 그 이름을 고른 이유에 대해 알린 해리스는 이렇게 말했다. "그 단어를 들으면 경쾌한 춤동작이 연상돼 미소를 짓게 되죠(지터버그는 경쾌한 사교댄스의 한 종류로 우리말 '지르박'이 여기서 유래했다.-옮긴이)." 하지만 정말로 인상적인 부분은 노년층의 마음에 공감하고 있는 것이다. 지터버그폰은 골치 아픈 문제를 추가하지 않고 노년층 소비자의 요구를 이해하고 예상해 그저 고질적인 문제들을 해결했을 뿐이다.

노년층과 베이비부머 세대의 요구에 주목하고 있는 혁신가들이 이렇게 단순함의 가장 훌륭한 사례를 보여주고 있는 것은 당연한 일이다. 나이가 많은 소비자를 위한 제품과 서비스는 무엇보다 단순해야 하기 때문이다. 정제하고 집중하고 간단명료해야 한다는 원칙을 따로 세울 필요도 없는 것이다. 하지만 복잡한 사회는 점점 더 많은 사람들을 집어삼키고 있다. 존스폰과 지터버그폰이 해결하려 했던 문제를 나이에 상관없이 누구나 똑같이 겪게 될지도 모른다.

선택권은
적을수록 좋다

선택권이 많을 때가 아니라 가끔은 선택권이 적을 때 만족할 수 있다는 주장은 결코 급진적인 견해가 아니다. 그러나 지금의 현실에서는 어쨌든 급진적으로 보인다. 소비자와 기업 모두 민주주의 사회의 자유시장 체제 안에서 선택의 자유는 늘 미덕이라고 여긴다. 하지만 자기결정권이라는 고귀한 사회적 목표가 의사결정의 현실적 어려움과 만났을 때 사람들은 결국 곤경에 처하고 말았다. 선택권이 너무 많아 머리가 아플 지경인데도 내색조차 할 수 없는 것이다.

무한한 선택권을 제공하는 것은 책임을 떠넘길 수 있는 편리한 방법이다. 그럴 때 기업과 정부는 이렇게 말할 수 있다. "사람들이 정말로 원하고, 그들에게 꼭 필요한 것이 무엇인지 알아내 거기에 딱 맞는 조건만 골라내는 것은 힘든 일이죠. 그래서 우리는 대신 모든 조건을 제시하기로 했습니다. 그러면 충분한 것 아닌가요?"

저명한 경영컨설팅 기업인 소살리토 그룹Sausalito Group의 CEO이자 창립자인 피터 실리Peter Sealey는 코카콜라에서 이사로 일하던 시절부터 지금까지 수십 년 동안 단순해져야 한다고 강조해왔다. 그는 코카콜라에서 브랜드 매니저들이 벌이는 일종의 군비경쟁을 직접 목격한 사람이다. 실리는 이렇게 말한다.

"어느 순간 정신을 차려보니 코카콜라라는 브랜드 하나에 67~68가지 종류의 제품이 딸려 있더군요. 브랜드 매니저들은 얘기했습니다. '새로운 맛이나 사이즈를 추가하면 판매량이 늘어날 겁니다.' 하지만 매년 똑같은 일이 반복되자 결국 난장판으로 변하고 말았죠."[10]

슬픈 현실은 고객에게 모든 결정을 떠넘기는 행위가 수준 낮은 비즈니스 전략이라는 것이다. 결정을 내릴 수 없는 고객들은 '아니오'라고 말하는 것을 기본태도로 설정할지 모른다. 물건이 너무 많아 매장은 어수선해지고 쇼핑의 질도 떨어진다. 재고관리에 들어갈 모든 시간과 노력까지 감안한다면 무엇보다 큰 문제는 비효율성이다. 이런 문제점들을 깨달은 슈퍼마켓 체인 트레이더 조스Trader Joe's는 쇼핑이라는 행위를 회사가 훨씬 관리하기 쉽도록 알맹이만 골라내야겠다고 결심했다.

미국 내 약 350개 매장을 보유한 이 회사에 대해 경제지 「포춘」은 "미국에서 가장 빠르게 성장하고 있는 이 소매업체가 허드렛일이었던 장보기를 문화적 체험으로 바꿔놓았다."고 평가했다.[11] 트레이더조스가 성공한 이유 중 하나는 다른 슈퍼마켓보다 훨씬 적은 상품을 취급했기 때문이다(40,000개 대신 4,000개만 취급한다).

대신 트레이더조스는 고객을 위해 자신들이 직접 올바른 선택을 내려야 한다. 광범위한 조사를 실시해 우선 고객들이 좋아하는 것과 싫어하는 것을 파악한다. 고객들은 저렴한 가격을 원하고 흥미롭고 색다른 먹거리를 좋아한다(트레이더조스는 재미있게 포장한 이국적인 식품을 소개함으로써 이런 요구에 부응한다). 그리고 그들은 트레이더조스의 하우스브랜드(유통업체가 직접 제작해 자신의 브랜드로 소비자에게 판매하는 상품, PB상품이라고도 한다.-옮긴이)가 자신들의 기대를 저버리지 않을 것이라 믿고 있다.

번잡함을 줄이자 매장 안은 친근한 동네시장의 느낌마저 준다. 이는 경제적인 측면에서도 옳은 선택이었다. 트레이더조스의 매장은 단위 면적당 매출액이 상당히 높다. 한 가지 비결은 상품의 숫자를 줄여 개별 판매량을 늘리고 결과적으로 그 물건을 더 싸게 공급받는 것이다. 「포춘」이 언급했듯이 "트레이더조스는 상품진열에서 계산까지 모든 과정을 훨씬 단순하게 만들었다."

소규모 매장을 도입하기 시작한 대형 할인점이나 상품의 숫자를 더욱 줄이는 전문매장에 이르기까지 모든 유통업체가 '적을수록 좋다less-is-more'는 전략을 선택하기 시작했다. 극단적 사례로 일본의 한 업체는 고객의 관심을 집중시키려고 하루에 딱 세 가지 상품만 소개한다.[12] 마치 이렇게 얘기하는 박물관의 큐레이터 같다. '우리가 미리 다 신중히 살펴보았습니다. 여러분이 가장 좋아할 만한 작품들이 바로 여기 있습니다.'

고객경험을 단순하게 디자인할 수 있는 유능한 큐레이터가 필요한 곳은 어수선한 상점만이 아니다. 인터넷은 이런 방식의 정제 작업이 훨씬 더 필요한 공간이다. 하버드 경영대학원의 레이 위버Ray Weaver 교수는 페이스북Facebook을 비롯해 몇몇 성공한 인터넷기업이 박물관에서 일하는 큐레이터와 매우 비슷한 일을 한다고 설명한다. 그는 대형박물관을 예로 들며 "사람들은 대신 결정해주는 전문가가 있다는 사실에 반가워한다."라고 지적한다. 그 덕분에 우리들은 박물관에서 훨씬 더 여유롭고 의미 있는 시간을 보낼 수 있다. 모든 것을 관람할 시간이 없기 때문에 큐레이터는 중요하지 않은 작품들을 제외시키고 다 같이 어떤 작품을 관람할지 정한 뒤 그 이유를 설명해준다.[13]

페이스북이 성공한 것도 좌절감을 느끼기 쉬운 인터넷 공간에서 그들이 큐레이터 역할을 했기 때문이다. 위버 교수는 "인터넷 환경을 통제하는 페이스북의 능력"을 언급했다. 페이스북은 검색, 콘텐츠, 이메일 같은 요소만 골라 체계적으로 재구성한 다음 "질서가 잡힌 인터넷의 대안"을 만들어냈다는 것이다.

하지만 큐레이터가 편집하고 선별하는 작업을 제대로 못하면 아무 소용이 없다. 페이스북이 사이트를 개편할 때 보여준 커다란 실수들을 생각하면 단순명료했던 이 회사가 8억 명의 사용자에게 더 많은 것을 보여주겠다는 유혹에 결국 굴복하고 말았음을 알 수 있다.

2011년 가을 페이스북이 사이트를 대대적으로 개편했을 때 온라인 매체「매셔블Mashable」이 실시한 여론조사에서 페이스북 이용자의 75퍼센트가 새롭게 바뀐 페이스북이 마음에 들지 않는다고 답했다.[14] 특히 유명 게임제작자인 크리스 테일러Chris Taylor는 열띤 어조로 페이스북을 비판하며 페이스북이 단순했던 디자인을 어떻게 망쳐놓았는지 조목조목 따졌다. 테일러는 페이스북이 새롭게 도입한 실시간 정보제공 기능 '티커Ticker'가 "페이스북 화면의 오른편을 온갖 잡동사니로 채워버렸다."라고「매셔블」에 기고했다.

그는 이어서 새로운 '제스처Facebook Gestures' 기능에 대해 얘기하며 페이스북이 인기를 끈 '좋아요'만으로 만족할 수 없었는지 모든 동사를 끌어올 심산인 것 같다고 비꼬았다(2011년 9월에 열린 페이스북 개발자 컨퍼런스에서 페이스북은 '좋아요' 외에도 '읽었어요', '들었어요', '봤어요' 같은 버튼의 도입을 고려 중이라고 발표했다.-옮긴이). 또한 간단한 '친구맺기' 기능이 아니라 새로운 페이스북에서는 친구의 게시물을 볼지 안 볼지도 따로 결정해야 했다.[15]

그러나 테일러나 다른 비평가들이 생각하는 최악의 기능은 이용자의 생활상을 시간 순으로 보여주는 '타임라인Timeline'이었다. 페이스북에 푹 빠져 있는 이용자들조차 이 기능이 '너무 많은 정보'를 토해 낸다고 평가했다. 「뉴욕타임스」의 칼럼니스트 데이비드 포그David Pogue 역시 테일러만큼은 아니지만 불만을 드러냈다. "새로운 페이스북은 쉽게 쓸 수 있어야 하는 기능들을 복잡하게 만들었습니다."[16]

페이스북은 왜 완벽하고 훌륭했던 디자인을 엉망으로 만들었을까? 크리스 테일러는 저항할 수 없는 힘이 작용한 것 같다고 말했다. 자신이 개발한 신기능을 선보이고 싶은 엔지니어들은 회사 내에서 큰 힘을 가지고 있었고, 어떻게 하면 고객정보를 수집해 더 많은 광고주를 끌어모을 수 있는지 늘 고민하는 마케팅 담당자들의 영향력도 무시할 수 없었던 것이다.

핵심만 남기고 나머지는 버리겠다고 결심했다면 시장점유율이나 엔지니어 또는 마케팅 담당자의 목표에 끌려다니면 안 된다. 고객경험의 수준을 끌어올린다는 목표에 모든 것을 맞춰야 한다.

 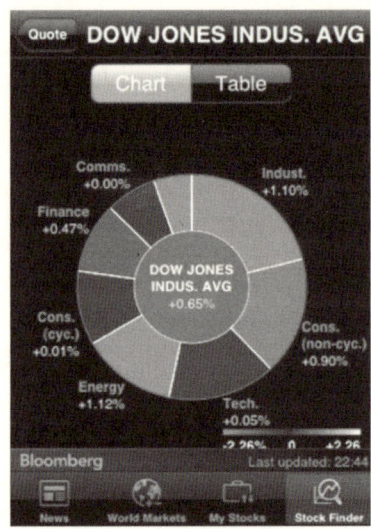

그림 4-1 모바일 앱은 한두 가지에 초점을 맞추고 한눈에 알아볼 수 있는 깔끔한 화면을 제공한다.

필요한 부분만 골라내는
고객맞춤 서비스

결코 쉬운 일은 아니지만 지금은 그 어느 때보다 다양한 수단과 기법이 존재한다. 애플리케이션(또는 앱)은 이미 긍정적 효과를 보여주고 있다. 휴대전화 같은 무선기기에서 쓸 수 있는 모바일 앱은 일단 작은 화면에 들어가야 하기 때문에 개발자는 당연히 중요한 내용을 선별해야 한다. 한 회사의 홈페이지와 애플리케이션을 함께 비교하면 쉽게 알 수 있다. 홈페이지는 종종 혼란스럽고 어수선하지만 애플리케이션은 초점이 명확하고 깔끔하며 더 편리한 경우가 많다(그림 4-1 참고). 시각적으로 지나치게 현란한 웹사이트는 마치 그 회사의 모든 부서가 화면 위에서 '영토전쟁'을 벌이는 것처럼 보인다. 애플리케이션의 매력은 콘텐츠의 주제가 한두 가지에 집중돼 있고, 한눈에 들어오는 깔끔한 화면을 제공한다는 점이다. 기업들이 이런 사실을 알아차린다면 단순명료함의 위력을 다른 커뮤니케이션에도 적용할 것이다.

최근 기술의 발달로 고객의 기호를 파악해 필요한 부분만 골라낸 뒤 그 고객에게 딱 맞는 제품과 서비스를 제공하는 일도 가능해지고 있다. 바로 판도라Pandora의 맞춤형 인터넷 라디오가 하는 일이다.[17]

단순해지는 것이 보내는 사람(판매자)과 받는 사람(구매자)의 거리를 좁히는 일이라면 그 방법은 무수히 많다. 판매자가 명료한 메시지를 전달하고 단순한 조건을 제시하면 구매자도 자신이 뭘 고를지 쉽게 알 수 있다. 하지만 기술의 발전으로 다른 방법도 가능해졌다. 고객이 스스로 고민하지 않아도 완벽한 결정을 내려주는 일종의 '판단의 여과장치'를 개발할 수 있는 것이다.

판도라의 공동창립자인 팀 웨스터그렌Tim Westergren은 첨단기술 산업과 음악 산업 양쪽에서 사업을 해본 경험이 있었다. 그의 목표는 컴퓨터 알고리즘으로 듣는 사람의 취향에 딱 맞는 노래와 가수를 찾아주는 것이었다. 판도라는 청취자가 좋아할 만한 노래만 골라서 들을 수 있도록 맞춤형 라디오방송국을 개별적으로 만들어준다.

문제는 음악의 핵심 요소만 추출하는 작업이었다. 그의 '음악 게놈 프로젝트Music Genome Project'는 생물학적 뼈대에 기반을 두고 있다. 음악이 갖고 있는 박자, 음색, 화음 같은 기본요소들을 체계적으로 기록할 수 있다면 어떤 조합이 어떤 사람의 취향에 맞는지 알아낼 수 있고, 그 결과 어떤 음악을 좋아할지도 예측할 수 있다는 생각이다.

웨스터그렌은 이 시스템을 '수십만 곡의 방대한 음악적 특징들을 한눈에 파악할 수 있는 획기적 분류법'이라고 설명했다. 모든 작업은 회사 내 연구진들의 손에서 직접 이뤄졌다. 그들은 노래를 분해해 노래마다 다른 수백 가지 요소들(리듬이 경쾌한가? 어떤 종류의 악기로 연주했는가? 가수의 목소리가 거친가?)로 다시 표시했다.

복잡하게 보인다면 제대로 본 것이지만 이용자 입장에서 작업의 결과는 놀라울 정도로 단순하다. 판도라가 이미 음악의 DNA 지도를 제작해놨기 때문에 이용자는 기본정보만 입력하면 끝이다. 즉 좋아하는 노래로「무드 인디고Mood Indigo」를 입력하면 판도라는 '무드 인디고 방송국'을 생성해 그 곡과 음악적 '유전자'가 비슷한 곡들을 계속 들려주는 식이다. 정보를 자세히 입력할수록 취향에 딱 맞는 노래가 나타날 확률도 높아진다.

판도라의 방식은 음악을 좋아하는 사람들이 엄청나게 많은 곡들 사이에서 거의 무한한 선택의 자유를 누리고 싶어한다는 통념에 의문을 제기한다. 실제로 판도라보다 훨씬 더 많은 곡을 보유한 일부 사이트는 고를 수 있는 노래가 수백만 곡에 달한다. 하지만 웨스터그렌은 숫자에 매달리지 않는다. 그는「뉴욕타임스 매거진 New York Times Magazine」과의 인터뷰에서 이렇게 얘기했다. "쉽게 이해가 안 갈지 모르지만 정말로 훌륭한 콘텐츠를 확보하는 일에 저희는 더 집중하고 있습니다."

4,000만 명의 청취자를 거느린 판도라는 현재 자신들의 '스마트 필터링 smart filtering' 기법이 음악을 뛰어넘어 코미디 방송에서도 통할 수 있는지 실험하고 있다(판도라는 최근 코미디 방송 서비스도 시작했다).

음악의 DNA를 분석할 수 있다면 코미디 프로그램이라고 안 될 이유가 어디 있는가? 다른 분야도 마찬가지다. 이 유전공학적 전략은 다른 수많은 서비스의 맞춤 제작에 활용될 수 있고 당연히 소비자의 여러 고민들을 해결해줄 것이다.

정보의 양을
고객 스스로 결정하게 하자

방대한 정보를 선별하고 정제하는 능력은 거의 모든 분야에서 효과를 발휘할 것이다. 금융 서비스 사업이 대표적인 사례다. 일반적으로 투자자들은 수천 개의 선택조건과 끝을 알 수 없는 경우의 수 앞에서 판단력을 잃고 만다. 우리는 오랫동안 월가의 금융사들과 함께 투자자용 계정보고서의 디자인을 개선하는 일에 힘써왔다. 우리는 정보를 선별해서 담아야 하며 또 고객이 원하는 정보의 양과 자산규모 사이에 상관관계가 없다고 강조했다. 회계사처럼 자세한 정보를 원하는 투자자도 있고 그저 간략한 정보만으로 충분한 투자자도 있는 것이다. 그런 성향은 자산이 얼마나 많은지와 상관이 없어 보인다. 투자회사 에드워드존스Edward Jones를 만나기 전까지 우리와 일했던 회사들은 모두 우리의 조언과 반대로, 고객이 부유할수록 더 자세한 정보를 제공해야 한다고 고집했다.

미국에서 가장 많은 지점을 보유하고 있는 이 투자회사는 고객을 단지 하나의 계좌가 아니라 진짜 사람으로 생각한다. 에드워드존스는 얼마나 자세한 정보를 보고서에 담을지 고객이 직접 결정하도록 했다.

고객은 세 가지 보고서 중 하나를 선택할 수 있다.

- 요약형
- 절충형
- 고급형

'요약형'은 단 한 장으로 작성되며 숫자보다 용어의 의미, 주석, 친절한 설명이 더 많이 실려 있다. 금융투자에 대한 경험이나 지식이 많지 않은 투자자에게 매력적이다.

'절충형'은 금융투자를 어느 정도 이해하지만 투자방향을 결정할 때 전문가의 조언과 도움이 필요한 투자자에게 적합하다. 이 보고서는 손익정보를 더 자세하게 설명하며 자신에게 어떤 보고서가 필요한지 아직 모르는 고객에게 기준점을 제시한다.

'고급형'은 분석적인 전문 투자자들이 관심을 가질 만한 정보가 실려 있다. 가령 채권 만기일을 알려준다거나 자산구성을 어떻게 조정해야 더 유리할지 그래프로 보여주는 식이다. 고급형을 선택하는 사람들은 자신의 자산, 금융거래, 잠재적인 투자기회에 커다란 관심을 갖고 있고 금융투자를 깊이 이해하고 있는 투자자들이다.

고객은 주로 어떤 보고서를 골랐을까? 흥미롭게도 90퍼센트는 절충형을 선택했고 나머지 두 종류를 선택한 비율은 각각 5퍼센트에 불과했다. 이 프로젝트의 책임자인 대니얼 버크하트Daniel Burkhardt는 고객이 이렇게 가운데로 쏠리는 현상을 의미 있게 받아들인다. "절충형이 요약형 보고서의 수요까지 차지할 정도로 읽기 편했던 것이죠.

투자자들은 자신이 중간 수준의 정보를 이해한다는 점에 만족했습니다."

금융 서비스를 이용하는 고객들이 중요한 데이터를 놓칠 정도로 압축된 정보를 원하는 것은 아니라는 사실을 보여준다. 에드워드존스의 미덕은 정보를 선별할 때 여러 가지 수준을 설정해 고객 스스로 선택하도록 만들었다는 것이다.

결론은 고객에게 더 많이 제공하는 것이(정보든 선택조건이든 기능이든 노래든 음식 메뉴든) 고객을 위하는 길이라고 판단하지 말라는 것이다. 알맹이만 남을 때까지 제품과 서비스를 정제하는 일은 겉으로는 단지 선택의 폭을 줄이는 것처럼 보일지 모르지만, 고객에게 더 순수하고 단순하며 만족스러운 경험을 선사하는 데 꼭 필요한 일이다.

많은 이들이 혁신과 단순함을 동시에 추구할 수 없다고 잘못 알고 있다. 혁신이란 이미 존재하는 것에 어쨌든 뭔가를 더 추가해야 한다고 생각한다. 하지만 가끔씩 무엇을 없애야 하는가도 똑같이 중요한 일이다.

[Chapter 5]
한 가지에만 집중하라

'너무 많은 정보'는 변두리만 맴돌게 만들며
애매모호하고 장황한 설명은 무관심을 낳는다.

사람들이 단순함을 열망하도록 만드는 것은 무엇일까? 데보라 애들러Deborah Adler의 경우 개인적인 사건 때문이었다. 약병의 복잡한 라벨로 인해 가족 중 한 사람이 하마터면 목숨을 잃을 뻔했을 때 그녀는 뭔가 해야 한다고 생각했다.[1]

사건은 애들러의 할머니가 아무런 이유 없이 복통을 호소하면서 시작되었다. 한 의사가 마침내 원인을 찾아냈다. 할머니가 실수로 할아버지의 약을 복용한 것이었다. 이유는 밝혀졌고 할머니는 다시 건강을 되찾았다.

하지만 당시 대학원에 다니던 애들러는 여전히 궁금했다. 왜 이런 일이 발생한 걸까? 그녀는 할머니와 할아버지의 약이 보관된 캐비닛을 살펴보았고 정답을 알아냈다. 가지런히 놓여 있는 자그마한 갈색

유리병에는 애들러조차 읽기 힘든 라벨이 붙어 있었다.

몇 가지 조사를 통해 애들러는 두 가지 흥미로운 사실을 알아냈다. 하나는 실수로 약을 잘못 복용하는 사례가 속출하고 있다는 점이었다. 미국인의 절반이 한두 번씩 그런 실수를 저지른 적이 있었다. 다른 하나는 그런데고 수십 년 동안 약병에 붙어 있는 복잡한 라벨에 대해 어느 누구도 조치를 취하지 않고 있다는 점이었다. 결국 애들러는 새로운 형태의 약병과 라벨을 직접 제작해보기로 작정했다.

우선 라벨의 작은 활자에 주목했다. 애들러는 공교롭게도 디자인을 공부했지만 이렇게 말한다. "상식을 가진 사람이라면 누구나 약병의 라벨에 너무 많은 내용이 적혀 있어 어수선하고, 소비자를 배려하는 마음도 전혀 담겨 있지 않다고 느낄 수 있습니다." 한 가지 예외는 제약업체의 로고(가장 쓸모없는 정보가 아닐까?)만큼은 화려하고 크게 표시돼 있어 눈에 잘 들어온다는 점이다.

그녀는 사람들이 약을 찾을 때 우선적으로 알아야 하는 정보에 높은 점수를 매기는 방식으로 정보들을 논리적으로 배치하려고 시도했다. 그녀는 심리학 용어로 정보를 받아들이고 조직하는 방식을 의미하는 '인지 지도cognitive schemas'의 개념을 공부한 적이 있었다. 그 덕분에 가장 핵심적인 정보 세 가지를 먼저 골라내는 일의 중요성도 알고 있었다. 그 결과 새로운 라벨은 아래의 세 가지 정보에 초점을 맞췄다.

1. 복용하는 사람
2. 약 이름과 복용량
3. 복용 방법

애들러는 굵은 줄을 가운데 그어 라벨을 두 부분으로 나눴다. 중요한 정보는 윗부분에 넣고 나머지는 전부 아랫부분으로 옮겼다.

그리고 약병의 형태도 고민했다. 기존의 원통형에서는 용기를 돌려가며 라벨을 읽어야 하기 때문에 읽기가 무척 힘들었다. 애들러는 왜 약병이 납작하면 안 되는지 생각했다. 마침내 그녀는 마개로 세울 수 있는 납작한 튜브 형태의 용기를 고안했다. 공간이 넉넉해 한눈에 읽히는 큼지막한 라벨을 붙일 수 있게 된 것이다.

할머니의 실수를 떠올리며 애들러는 같은 곳에 약을 보관하기 마련인 가족들이 각자의 약을 구별할 수 있게 하는 것도 중요한 일이라 생각했다. 그리고 자신과 남편이 칫솔을 구분할 수 있게 색깔이 다른 제품을 사용한다는 것을 떠올려 다양한 색깔의 링을 제작해 용기에 끼워놓는 식으로 식구들끼리 서로 약을 구분할 수 있도록 만들었다. "저는 약병도 색깔로 구별할 수 있지 않을까 생각했죠."

마지막 작업은 혼란스러운 라벨의 경고문을 바꾸는 것이었다. 디자이너 밀턴 글레이저 Milton Glaser와 함께 작업하면서 기존의 경고문을 알아보기 쉬운 아이콘으로 바꿨다. 예를 들면 임산부에 대한 경고문을 임신한 여성의 몸을 실루엣 형태로 디자인한 아이콘으로 바꿨다.

단순명료한 약품용기를 만들려는 그녀의 시도는 자신의 석사논문 주제로도 활용됐지만 곧 훨씬 더 큰 결과로 이어졌다. 애들러는 대형 할인점 타깃 Target에 자신이 디자인한 용기의 샘플을 보냈고 그녀의 아이디어를 사들인 타깃은 2005년 새로운 약품용기를 재빨리 시장에 내놓았다. '클리어알엑스 ClearRx'라는 이름의 새로운 약품용기는 타깃에서 지금까지 사용되고 있다.

약병과 함께 그녀의 인생도 바뀌었다. 현재 애들러는 작은 디자인 회사를 운영하며 붕대포장상자부터 도관catheter(체내에 삽입해 소변 등을 뽑아내는 관)까지 다양한 의료용품과 서비스를 단순명료하게 바꾸려고 노력하고 있다. 그녀는 이렇게 말했다. "의료 분야는 현재 너무 복잡합니다. 어쩔 수 없는 경우도 있겠죠. 하지만 병을 예방하는 방법은 복잡한 것을 단순하게 만드는 일일 수도 있습니다. 그래야 할 일과 하지 말아야 할 일을 사람들이 쉽게 알 수 있으니까요." 그녀는 어떻게 단순한 것을 창조할까? "저는 단순함이 공감과 통찰력에서 시작한다고 생각해요. 제 경우엔 병원을 거닐 때 주변에 관심을 기울이며 문제점을 찾습니다. 내가 아닌 타인의 입장에서 그들이 겪는 일을 저도 겪어보는 것이죠. 예를 들면 캐비닛을 열어 누군가의 약병을 관찰하는 것처럼요. 그리고 무엇이 그들을 방해하고 있는지, 어떻게 해결할 수 있는지 스스로 물어봅니다."

복잡하고 애매모호한
설명이 낳는 부작용

그녀의 이야기는 복잡함이 우리의 삶으로, 그것도 집안까지 침투했을 때 어떤 일이 벌어지는지 보여준다. 특별한 사례로 보기도 어렵다. 애들러의 할머니에게 일어났던 일을 많은 이들이 너무나 자주 겪고 있다. 뉴잉글랜드 보건정책연구소NEHI에 따르면 의약품의 지시사항을 제대로 지키지 못해 발생하는 의료비가 연간 2,900억 달러에 이른다.[2]

상황을 더욱 심각하게 만드는 몇 가지 이유를 살펴보자.

- 사람들은 경고표시를 이해하지 못한다. 「뉴욕타임스」에서 최근 약품의 경고문이 제각각이고 규정도 없으며 심지어 미 식품의약국FDA의 심사도 받지 않는다고 지적했다. 더욱 심각한 문제는 읽기도 어려울 정도로 글씨가 작고 표시된 그림도 혼란스럽다는 점이다. 가령 태양 위에 사선이 그어진 기호는 그 약을 복용하는 사람은 그 기간 동안 장시간 햇빛노출을 삼가라는 뜻이지만 많은 이들이 '직사광선이 들어오지 않는 곳에 보관하시오!'로 생각한다.[3]
- 부작용의 목록이 끝도 없이 늘어나고 있다. 의약품의 라벨은 평균 70가지 부작용을 표시한다(어떤 제품은 무려 500개다). 발생할 가능성이 희박하거나 사소한 증상까지 심각한 부작용과 똑같이 강조한다. 사람들은 읽어볼 엄두가 나지 않아 결국 목록을 무시한다.[4]
- 사람들은 약국에서 나눠주는 긴 안내문을 끝까지 읽을 수 없거나 일부러 읽지 않는다. 약을 산 이들은 처방전을 포함해 많으면 세 가지 안내문을 더 받는다(제약사, FDA, 약국의 안내문). 읽어야 할 내용이 너무 많고 심지어 서로 모순되는 내용도 들어 있다. 따라서 현재 여러 장으로 이뤄진 안내문을 한 장으로 압축할 필요가 있다.

제약회사 입장에서는 정신이 번쩍 들 만한 일이다. 그러나 애매모호한 설명이 초래하는 피해는 의약품의 라벨을 뛰어넘어 비즈니스, 행정, 일상의 수많은 영역에서 똑같이 발생한다. 수많은 기업과 행정기관들이 제품과 서비스의 기본적인 정보를 사람들에게 제대로 전달하지 못하고 있다.

유아용 카시트의 설치는 누구라도 할 수 있을 만큼 그 방법이 쉬워야 한다. 그런데 최근에 실시한 연구에 따르면 그렇지 않다. 80퍼센트의 유아용 카시트가 제대로 설치돼 있지 않거나 잘못 사용되고 있으며 가장 큰 원인은 어려운 설명서 때문이다.[5] 예를 들면 설명서는 고등학교 1학년이 이해할 수 있는 수준으로 작성되지만 적어도 미국의 성인 중 절반은 읽기 능력이 그보다 훨씬 떨어진다.

애매모호한 설명은 때론 사람들의 목숨까지 노린다. 2006년 9월 개인 제트기 한 대가 남아메리카에서 보잉737기와 충돌해 154명이 사망했다. 미국 월간지 「베니티페어 Vanity Fair」에 실린 날카로운 기사 하나는 이렇게 밝혔다. 개인 제트기의 두 조종사가 신형이면서도 "수많은 전자 장치를 대부분 눈에 띄지 않게 내장한, 그야말로 단순하게 제작된 비행기를 조종하고 있었다." 하지만 조종사들은 '목적지까지 얼마나 더 걸리나요?' 같은 간단한 질문조차 대답할 수 없었다. 컴퓨터 화면에 다음과 같은 정보가 복잡하게 표시되어 있었기 때문이다.

> 근무시간, 구간시간, 현지시간, 게이트 통과시간, 출발유보해제시간, 이륙시간, 경유지 도착시간, 도착시간, 잔여연료시간, 무효시간, 각종 예정시간, 그리니치 표준시

두 조종사는 필요한 정보를 얻으려고 계기판을 만지작거리다 어느 순간 관제탑과 다른 비행기에게 자신의 위치를 알려주는 공중충돌방

지장치TCAS를 꺼버렸다. 한마디로 보이지 않는 비행기가 된 것이다.[6]

혼란스러운 약병의 라벨과 알 수 없는 비행기 조정장치처럼 근본적인 문제는 실제로는 아무것도 알려주지 않는 정보를 너무 많이 제공한다는 것이다. 비행기를 모는 조종사, 주차할 곳을 찾는 운전자, 약병을 꺼내는 할머니까지 우리 모두는 이 복잡한 사회를 헤쳐 나가는 데 필요한 확실하고 유용한 정보를 원하고 있다. 하지만 우리에게 돌아오는 것은 정보가 아니라 체계도 구조도 형태도 없는 그래서 한마디로 무의미한 데이터일 뿐이다.

그 어느 때보다 많은 양으로 사람들을 압도하고 있는 이 모든 데이터를 어떻게 다뤄야 할까? 앞장에서 설명한 대로 우리의 언어부터 단순하게 만들어야 하지만 그것은 부분적인 해결책이다. 정보가 단순명료해지려면 역시 디자인 개념을 적용해야 한다. 즉 정보를 체계적으로 정리해 알맹이를 골라내고 시각화해야 한다.

복잡하고 방대한 정보와 만났을 때 중요한 데이터를 골라내려면 우선 '정보의 계층구조 a hierarchy of information'(디자인에서 시각적 계층구조 visual hierarchy란 보는 이가 중요한 요소부터 먼저 주목할 수 있도록 설계하는 것을 말한다.-옮긴이)를 세워야 한다. 전체 데이터 안으로 깊숙이 들어가 가장 중요한 정보들을 뽑아내고 순위를 정해야 한다. 그 결과 라벨, 사용설명서, 청구서, 웹사이트, 그밖의 모든 커뮤니케이션에서 그 조직과 구조를 어떻게 설계할지 결정할 수 있게 된다.

구조를 제대로 설계하려면 상대의 요구를 이해해야 한다. 애들러가 약병의 라벨을 직접 만들어보기로 결심했을 때 가장 먼저 한 일은 할머니의 입장에서 바라보는 것이었다. 심지어 그녀는 캐비닛을 열어 약병들을 살펴보며 원하는 약을 찾아보기까지 했다. 커뮤니케이션을 디자인할 때 종종 놓치기 쉬운 현실감각을 그녀는 이렇게 얻을 수 있었다.

그런데 정부와 기업이 쏟아내는 모든 문서들 속에서는 이런 현실감각을 찾아볼 수 없다. 메디케어의 공식표어는 "여러분이 선택하는 메디케어"지만 최근에 제작한 공식 안내서는 혼란스럽기만 하다. 선택은 자유롭게 행동할 기회를 주는 것이므로 근본적으로 문제가 없어 보인다. 그러나 조건의 수가 너무 많고 서로 구별도 안 된다면 전혀 소용이 없다. 그 안내서에는 난해한 정부용어가 가득 실려 있지만 (예를 들면 '평생잔여기간lifetime reserve days', '영구적 의료장비 운반기') 근본 문제는 안내서의 구성방식이다. 그 안내서는 읽는 사람이 메디케어의 기본적인 운영원리에 대해 관심을 두기도 전에 수많은 옵션과 세부 사항을 먼저 늘어놓는다.

특히 현실을 반영하고 있지 않은 것이 가장 큰 문제다. 안내서는 소설책이 아니다. 사람들은 의문점이 생겼을 때만 안내서를 찾을 것이다. 하지만 분량이 4쪽에 불과한데도 '메디케어 카드를 분실했을 때'처럼 간단한 문제조차 답을 찾기 힘들다. 그 내용은 '메디케어 파트A란 무엇인가?'라는 표제 아래 깊숙이 숨어 있다.

보험 약관 역시 사람들이 독서의 즐거움을 얻으려고 읽는 것이 아니다. 주택보험약관은 대개 맨 마지막에 보상절차가 나와 있다. 그런데 사람들은 대부분 오직 피해가 발생했을 때만 약관을 뒤진다. 그렇다면 재빨리 보상에 관한 내용을 찾아볼 수 있도록 관련 내용을 맨 앞에 배치하고 강조표시까지 하는 것이 논리적인 구성 아닐까?

문서의 구성을 한눈에 알 수 있을 때 읽기도 쉽고 이해도 빠르다. 따라서 정보의 구조를 파악해 소주제에 따라 내용을 명확하게 나눠서 배치해야 한다.

터프츠 대학교Tufts University에서 시각언어visual language를 가르치고 있는 닐 콘Neil Cohn은 정보가 그런 방식으로 구성되지 않으면 "사람들의 지각능력에 부담을 주게 된다."고 설명한다. 그는 이렇게 덧붙였다. "많은 양의 정보도 적당한 크기로 나누면 쉽게 이해시킬 수 있습니다. 그리고 정보에 담긴 메시지에 집중하게 됩니다."[7]

정보를 내용 및 수준별로 분류하라. 순서를 정하고 내용이 길면 요약하라. 중요성이 낮은 정보는 강조하지 마라. 쓸모없는 정보를 제거하라. 아마 마지막 행동이 가장 힘들 것이다. 최대한 자세히 설명하고 지시하려는 습관 때문이다.

시각적인 명료함이 돋보이는 디자인이 필요하다

일단 터무니없이 길다는 것 말고도 신용카드 약관의 문제 중 하나는 논리적인 구조가 없어 정보들이 전부 뒤섞여 있다는 점이다. 신용카드 약관이 손톱만 한 글씨로 빽빽하게 작성된 30쪽짜리 문서로 길어지자 사람들은 '이제 옛날로 돌아가는 것은 불가능해. 예전처럼 짧고 단순했던 약관을 다시 볼 순 없겠지.'라고 믿기 시작했다. 소비자 운동가 엘리자베스 워렌Elizabeth Warren이 약관의 길이를 줄이라고 요구했을 때 로펌들의 반응도 예상대로였다. 로펌 허드슨

쿡Hudson Cook의 파트너 로버트 쿡Robert Cook은 경제전문지 「아메리칸 뱅커American Banker」와의 인터뷰에서 다음과 같이 말했다. "신용카드는 원래부터 복잡한 상품입니다. 한 페이지짜리 약관이란 것은 존재할 수가 없어요."[8]

로버트 쿡은 그렇게 얘기하고 있었지만 우리는 이미 그 작업을 마친 상태였다. 오바마 대통령이 신용카드 산업의 문제점을 지적하며 소비자들이 "법대를 나오지 않고 돋보기를 들지 않아도" 이해할 수 있는 단순한 약관을 만들어야 한다고 얘기했을 때 우리가 한 번 해보기로 한 것이었다.

우리는 소비자신용 전문가와 계약담당 변호사에게 자문을 구했다. 문서 디자이너와 쉬운 언어를 연구하는 작가도 불러들였다. 수십 종의 신용카드 약관을 하나하나 분석했고 빠져나올 수 없는 미궁처럼 보였던 연방법규와 주별 규정도 검토했다. 우리는 약관의 90퍼센트를 제거해야 했다. 그래서 중복된 표현을 가장 사악한 적으로 규정했고 전문용어도 모조리 빼버렸다.

사무실에서 살다시피 하며 우리는 마침내 한 장짜리 약관을 손에 쥘 수 있었다(그림 5-1).

다양한 종류의 계약서를 참고해 우리는 분명한 제목과 깔끔한 도표 그리고 그래픽 기법을 활용해 기본적인 가격정보, 이자율, 수수료 등을 설명했다. 시각적인 명료함을 높일 수 있는 디자인이 무엇보다 중요했다. 일단 우리는 눈앞에 있는 방대한 데이터를 무시한 채 다음과 같은 일곱 가지 핵심내용에서 출발했다.

단순한 신용카드 약관

이 약관은 우리 회사에서 개설한 당신의 신용카드 계좌를 대상으로 합니다. 그리고 당신과 당신이 허락한 모든 카드 사용자에게 적용됩니다. 이 약관의 효력은 카드를 처음 사용한 시점부터 시작되어 카드에 표시된 날짜까지 유지됩니다.

1 카드 이용
카드를 받아주는 모든 곳에서 사용할 수 있습니다.

2 신용한도
당신의 신용한도는 5,000달러입니다.
매달 청구서에 표시된 신용한도 내에서 결제와 현금 서비스를 이용할 수 있습니다. 회사는 경우에 따라 당신의 신용한도를 늘리거나 줄이거나 잠시 정지시키거나 취소할 수 있습니다.

3 대금 지불
회사는 매달 카드 결제대금과 현금 서비스 그리고 이자 및 기타 수수료를 함께 청구할 것입니다. 당신은 청구서에 표시된 날짜까지 적어도 월 최소기준액을 반드시 납부해야 합니다. 최소기준보다 많은 대금을 납부할 경우 이자비용이 줄어들 것입니다. 회사와 고객 모두 아무 때나 원하는 경우 계좌를 취소할 수 있지만 납부하지 않은 대금은 여전히 유효합니다.

4 이자
하루가 지날 때마다 회사는 당신의 신용잔액에 새로 발생한 비용을 더하고 당신이 지불한 대금과 기타 금액을 뺄 것입니다. 회사는 최종잔액에 하루치 이자율을 곱한 금액을 이자비용에 더할 것입니다. 당신이 납부한 대금은 이자율이 가장 높은 항목에 먼저 적용될 것입니다.

이자율은 아래와 같습니다.

결제 서비스	일일 이자율	0.038%
	연간 이자율	13.90%
현금 서비스	일일 이자율	0.068%
	연간 이자율	24.90%
잔액 이전*	일일 이자율	0.038%
	연간 이자율	13.90%
수표발행	일일 이자율	0.068%
	연간 이자율	24.90%

*다른 카드에서 발생한 대금을 이동시켰을 때—옮긴이

5 위약금
이 약관의 규정을 따르지 않을 때 아래와 같은 위약금이 적용될 것입니다.

연체	39달러
한도초과	39달러
잔액부족	39달러

6개월 동안 두 번의 연체가 발생할 경우 회사는 당신에게 미리 이자율을 연체 이자율로 올릴 것이라고 통지할 것입니다. 그 이후 6개월 동안 지속적으로 정해진 날짜에 대금을 납부하면 이자율은 원래대로 돌아갈 것입니다.

| 연체 이자율 | 연간 이자율 29.40% |

6 서비스 수수료
회사는 다양한 서비스에 대해 수수료를 부과할 수 있습니다.

연회비	없음
현금서비스 수수료	이용금액의 3% 또는 최소 10달러
해외거래	이용금액의 1%(달러로 환산) 또는 최대 2달러

7 분쟁해결
이 약관은 연방법규와 델라웨어 주법규를 따릅니다. 청구서에 이상이 있다고 생각되면 반드시 60일 이내에 서면으로 통지해야 합니다. 그리고 회사는 90일 이내에 청구서를 수정하거나 청구서에 이상이 없다고 이유를 설명해야 합니다. 회사가 해결할 수 없는 모든 분쟁은 독립적인 중재기관에서 처리될 것입니다. 그러나 중재기관의 결정을 따라야 할 의무는 회사에게만 있습니다. 따라서 고객님이 중재기관의 결정을 따를 수 없다면 법정 소송을 제기할 수 있습니다.

추가 정보
www.bank.com/cardagreement으로 접속하시면 이 약관과 사생활 보호정책에 대한 설명이 나와 있는 온라인 약관을 보실 수 있고, 약관의 사본이 필요한 경우에는 800-555-5555로 전화하시면 됩니다.

단순한 커뮤니케이션을 추구하는 기업 시겔+게일에서 작성 및 디자인

그림 5-1 복잡한 신용카드 약관을 한 장으로 정리했다.

1. 카드 이용
2. 신용한도
3. 대금 지불
4. 이자
5. 위약금
6. 서비스 수수료
7. 분쟁해결

우리는 논리적인 순서로 정보를 배열했고(기본적인 이용법에서 시작해 잠재적인 사건과 복잡한 문제를 마지막에 설명했다), 굵은 제목들이 문서를 훑어보고 한눈에 파악할 수 있는 기준 역할을 하고 있다.

**더 적게 설명할수록
더 잘 이해한다**

사실상 모든 문서가 이런 식으로 원하는 내용을 한 번에 찾을 수 있는 불과 1~2장짜리 문서로 변할 수 있다. 최근 잡지 「와이어드Wired」는 흥미로운 실험을 실시했다. 가장 복잡하고 난해한 문서 중 하나인 의료검사 보고서를 디자이너들에게 맡기고 과연 단순하게 바꿀 수 있는지 알아보았다.[9]

실험의 결과는 명백했다. 보고서를 이해하기 위해 자신이 굳이 전문연구원이 될 필요는 없었다. 혈액검사 보고서를 선택한 디자이너들은 30개의 검사항목 중에서 중요한 항목 8개를 골라냈고, 작은 글씨로 4장이 넘어가는 보고서의 길이를 단 한 장으로 줄였다. 중요한 검사결과에 먼저 시선이 갈 수 있도록 굵은 제목과 색깔이 들어간 글상자를 집어넣었다. 이 보고서는 사람들이 가장 관심을 가질 만한 검사결과에 집중했고 나머지 내용은 요약해놓았다. 가장 윗부분에 '한눈에 살펴보는 검사결과'라는 제목으로 종합적인 검사결과부터 설명한 다음 가장 아랫부분에 보고서의 결론(검사결과가 의미하는 것은 무엇인가요?) 및 앞으로 해야 할 일에 대해 알려준다.

읽기가 두려운 문서는 또 있다. 바로 주택 임대계약서다. 임대계약서를 진지하게 읽어보는 사람은 극히 드물지만 어쨌든 자신의 권리가 무엇인지 알아야 한다. 그런데 뉴욕에 있는 테넌츠앤드네이버스Tenants & Neighbors라는 이름의 한 세입자단체가 훨씬 단순한 임대계약서를 만들 수 있는 창의적인 방법 하나를 생각해냈다. 이들이 제작한 '법률 플래시카드(단어, 숫자, 그림 등을 순간적으로 보여주며 판단력을 기르는 교육용 도구 – 옮긴이)'는 말하자면 계약서의 첨부문서로, 뉴욕시의 세입자권리에 관한 공식 안내서Tenant's Rights Guide에 나온 모든 내용을 요약해서 설명한다. 전체를 요약하고, 정보를 적당한 크기로 나누고, 색깔과 아이콘을 도입했다는 점에서 간단명료한 문서를 디자인할 때와 똑같은 원칙을 따르고 있지만 형태 면에서 더욱 신선한 변화를 시도했다(그림 5-2). 이용자 입장에서는 주머니에 들어갈 정도로 작은 이 카드가 한두 장짜리 문서보다 훨씬 실용적이다.

이 디자인 기법은 스마트폰 설명서처럼 다른 문서에 똑같이 이용될 수 있다. 2011년 현대예술박물관Museum of Mordern Art에서 열린 한 전시회에 등장했던 스마트폰 사용설명서 '아웃오브더박스Out of the Box'는

페인트 칠에 대해

아파트의 벽에 페인트를 칠할 수 있지만 계약기간이 끝난 뒤 아파트를 떠날 경우 반드시 원래의 색깔로 돌려놔야 한다. 집주인은 3년마다 벽과 천장의 페인트를 새로 칠해야 한다. 또한 집주인은 아파트 벽을 비롯한 어느 장소든 납 성분이 함유된 페인트가 벗겨질 경우 페인트를 완전히 제거하거나 영구적인 재료로 덧칠해야 한다.

그림 5-2 '법률 플래시카드'는 뉴욕에 거주하는 세입자들이 자신의 권리와 책임을 이해할 수 있도록 돕는다.

노년층을 특별히 고려해 만든 것으로 독특한 아이디어가 돋보였다. 하지만 설명서란 단어로는 디자인 회사 비타민스디자인VitaminsDesign의 두 디자이너 클라라 가게로Clara Gaggero와 애드리언 웨스터웨이Adrian Westaway의 작업을 전부 설명할 수 없다. 사실 두 디자이너가 고안한 것은 설명서보다 두 배쯤 크고 전자기기를 잘 다루지 못하는 소비자도 직관적으로 이해할 수 있는 휴대전화 포장법이었다. 그들은 노인들이 들어 있지도 않은 설명서를 찾으려고 상자를 뒤적거리다 결국 새로운 기술에 적응하는 것이 힘든 일이라는 사실을 종종 깨닫는다는 것을 알았다[10](점점 더 많은 휴대전화 제조사들이 설명서를 휴대전화 안에 집어넣거나 온라인으로 제공하고 있다.-옮긴이).

그래서 두 사람은 휴대전화를 끼울 수 있도록 가운데가 뚫려 있는 책 모양의 설명서를 만들었다. 구매자는 휴대전화를 그 구멍에 끼워 넣고 페이지를 넘기며 차근차근 사용법을 익힐 수 있다. (그들은 한 장에 한 가지 기능씩 설명하는 안내카드 버전과 지도 형식으로 사용법을 안내하는 버전까지 제작했다.)

애드리언 웨스터웨이는 자신과 동료들이 노인들도 쓸 수 있는 훨씬 단순한 스마트폰을 만들 생각이었고, 그래서 지터버그폰처럼 기능을 최대한 줄인 제품을 만들게 될 것이라 예상했다고 말했다. 하지만 노년층을 조사해본 결과 그들은 카메라나 계산기 기능을 비롯해 오히려 다양한 기능을 원하고 있었다. 사용법과 다양한 기능을 쉽게 익힐 수 있으면서도 단순한 제품을 원한 것이지 아예 기능이 빠진 제품을 원하는 것이 아니었다. 또한 웨스터웨이 디자인팀의 조사에 따르면 젊은 소비자층과 달리 일반적으로 노인들은 제품 자체를 갖고 노

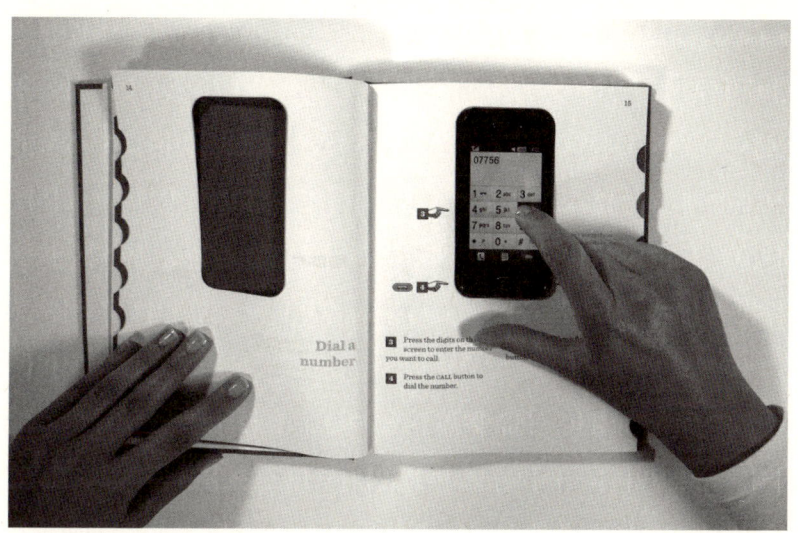

그림 5-3 휴대전화가 사용설명서 안에 들어가 있다.

는 것도 별로 좋아하지 않는다. 그들은 더 직접적인 방식으로 새로 산 물건의 사용법을 차근차근 익히고 싶어한다. 휴대전화를 끼울 수 있는 설명서에 그들이 좋은 반응을 보이는 것도 이 때문이다(그림 5-3 참조).

하지만 보험 약관보다 복잡한 문서는 없을 것이다. 보험회사는 약관에서 어떤 내용도 지우고 싶어하지 않는다. 아주 오래전에 만들어져 시대에 맞지 않는 내용도 종종 그대로 둔다. 보험회사는 약관을 일부 수정하거나 추가했을 때 약관 전체를 다시 보내지 않고 대개 수정했거나 추가한 부분만 가입자에게 보낸다. 약관이 비정상적일 만큼 길어진 이유(그리고 아무도 그것을 읽지 않는 이유)가 거기 있다.

그래서 전 세계 4,000만 명 이상의 가입자를 보유하고 있는 독일의 대형보험사 에르고ERGO가 복잡한 요소들을 없애겠다고 결심한 것은 대단히 놀라운 사건이었다. 얼마 전 에르고는 가장 중요한 조항과 설명만 최소한으로 남기고 모두 없애버린 새로운 약관을 선보였다. 일반규정으로 가득했던 30장짜리 약관이 단 2장으로 줄어들었다. 요약된 정보를 적절하고 분명한 기준으로 나누어 정리했다. 누구든지 몇 분 만에 약관을 전부 읽고 이해할 수 있게 만들자는 발상에서 나온 시도였다.

에르고는 더 적게 설명할수록 더 잘 이해한다는 '단순함의 역설'을 따르고 있다. 그들은 약관이 30장이나 되면 중요한 정보들이 전부 어딘가에 묻혀버린다고 생각했다. 하지만 모든 것을 2장에 다 집어넣자 사람들은 약관을 읽고 핵심을 파악했으며 보험 상품에 대해 제대로 이해하기 시작했다.

에르고의 최고마케팅경영자CMO 데이비드 스태션 박사Dr. David Stachon는 단순한 약관을 제작할 수 있었던 원동력이 현장조사에서 나왔다고 얘기한다. 회사는 평소처럼 데이터 수집과 시장조사를 실시하다 한번은 어떤 팀에게 비디오카메라를 지급한 뒤 사람들이 보험회사에 대해 어떻게 생각하는지 조사하라고 지시했다. 에르고는 사람들이 보험회사가 제공하는 어떤 정보도 이해하지 못한다는 것을 깨달았다. 보험회사들은 그저 혼자서 떠들고 있었던 것이다. 고객의 마음을 잘 알고 고객이 이해하는 약관을 만드는 회사라는 인상을 확실히 심어줄 수 있는 기회라고 생각한 에르고는 자신들이 맨 앞에 나서기로 결심했다.

고객 서비스의 내용이 단순명료해지자 회사의 활동과 목표도 똑같이 변하기 시작했다. 스태션 박사는 단순해지려는 시도가 회사문화에도 커다란 영향을 끼쳤다며 이렇게 말한다. "몇 년 동안 이 회사에 있었지만 그렇게 적극적인 활동과 뜨거운 분위기는 처음 느꼈습니다. 많은 직원이 그 동안 보험 산업이 사실상 고객을 외면해왔다고 느끼고 있었죠. 그래서 대부분의 직원들이 기쁜 마음으로 이 문제를 해결하고 있습니다."[11]

약관을 2장으로 줄이기 위해 에르고는 어느 부분을 강조할지 판단해야 했다. 중요한 부분을 강조하려면 일단 쓸데없는 부분부터 없애거나 짧게 줄여야 한다. 하지만 하이라이트, 글자크기, 굵기, 색깔 같은 디자인 요소도 활용할 수 있다. 손톱만 한 글씨로 작성된 계약서의 심각한 문제점은(화가 날 정도로 글씨가 작다는 것 말고도) 종종 디자인 요소를 전혀 활용하지 않는 것이다. 모든 것이 회색바다처럼 그저 뒤죽박죽 엉켜 있어 어디서부터 봐야 할지 알 수 없다. 모든 것을 강조하려다보니 결국 아무것도 강조할 수 없게 되는 것이다.

일반적인 대출약정서는 어디부터 읽어야 할지 감이 오지 않는다. 내용의 배치에 신경을 쓰지 않아 각각의 내용들이 읽는 사람의 관심을 얻으려고 서로 다투는 꼴이다. 소제목을 부드럽고 논리적으로 배치하면 내용의 흐름을 쉽게 따라갈 수 있다. 그리고 단서를 군데군데 배치해놓으면 어디에 특히 집중해야 할지도 빨리 알 수 있다(예를 들면 '중요' 또는 '해야 할 일' 같은 꼬리표를 표시한다). 소제목의 순서도 고객이 대출약정서에 익숙하지 않다는 점을 고려해야 하고, 세부조항의 배치순서를 정할 때도 실제 상황을 반영해야 한다.

글자크기와 글꼴, 글자의 배치 및 정렬 등 어떤 요소든 문서의 강조점과 메시지를 변화시킬 수 있다. 대개 한 페이지에는 세 가지 이상의 글꼴과 굵기를 사용하지 않는 것이 좋다. 강조할 부분은 굵게 표시하거나 이탤릭체를 사용하되 남용하지 마라. 디자인 요소를 활용하는 것도 좋지만 이것저것 마구 강조하다 보면 오히려 훨씬 더 혼란스럽게 보일 수 있다.

**여백은 시선을
집중시키는 힘이 있다**

고객과 단순명료한 메시지를 주고받고 싶다면 내용을 부풀리는 마케팅의 본능을 다스려야 한다(모든 위험을 대비해야 한다는 로펌의 본능도 마찬가지다). 메시지를 분명하게 전달하려면 중요한 부분에만 철저하게 집중해야 한다. 제품포장을 생각하면 가장 쉽게 이해할 수 있다. 그리고 여백은 제품포장(광고나 문서 또는 다양한 커뮤니케이션에서) 작업에서 가장 중요한 디자인 요소가 될 수 있다. 여백은 집중하게 만들기 때문이다.

여백이 많고 단순미를 살린 포장은 시각적으로 혼돈에 가까운 오늘날의 시장에서 남다른 존재감을 드러낸다. 디자이너 로브 월리

> 애플은 의도적으로 제품포장과 광고에서 대부분의 공간을 여백으로 채운다. 오랫동안 애플과 일했던 한 광고기획자는 이렇게 얘기한다.
> "그 여백은 엄청난 힘을 갖고 있습니다."

스Rob Wallace는 기능과 장점을 잡다하게 늘어놓는 대신 여백을 활용하면 "소비자가 제품의 색깔과 자기만의 해석을 빈 도화지에 직접 채울 수 있다."고 얘기한다.[12] 수년간 애플과 일했고 세계적인 광고회사 TBWA의 회장이기도 한 전설적인 광고인 리 클로Lee Clow 역시 애플이 포장과 광고에 여백을 집어넣어 자신들의 제품이 단순명료하다는 느낌을 소비자에게 더욱 강하게 심어준다고 말한다. 그는 소비자가 깔끔하고 격조 높은 경험을 기대할 수 있는 첫 번째 신호를 바로 포장에서 감지한다고 덧붙인다.[13]

단지 미적 감각만의 문제가 아니다. 간단명료한 포장은 제품이 팔릴 가능성도 크게 높일 수 있다. 네슬레Nestle에서 일하는 어맨다 바크Amanda Bach는 제품포장이 고객의 시선을 사로잡을 수 있는 시간은 기껏해야 대략 4초밖에 안 된다는 뜻으로 '4초의 법칙'이란 표현을 사용한다. 포장의 내용이 너무 난해하거나 혼란스러우면 고객은 다른 상품으로 시선을 돌린다. 그래서 포장이 단순하면 매력적으로 보일 수 있고 알고 싶은 정보를 쉽게 찾도록 고객을 도울 수 있다. 바크는 공식 하나를 소개한다. "복잡함은 혼란을 낳고 혼란은 곤경에 빠진 고객을 낳습니다. 반면에 단순함은 명료함을 낳고 명료함은 고객만족을 낳죠."[14]

여백이 효과적인 이유는 데이터가 애초에 들어갈 자리가 없기 때문이다. 그러나 정보를 무작정 뺄 수는 없는 노릇이고 그걸 바라지도 않을 것이다. 그런데 종종 말로 설명하는 것보다 직접 보여줄 수 있는 경우가 있다.

**단순명료함을 추구하려면
시각화 기법을 활용하라**

언어가 아니라 시각적인 이미지로 정보를 전달하는 시각화visualization가 효과적인 이유는 생물학에서 그 근거를 찾을 수 있다. 인간의 두뇌는 한마디로 언어보다 이미지를 더 잘 처리하며 두뇌도 이미지 처리작업에 절반 이상의 능력을 쓴다. 뉴햄프셔 대학교에 있는 데이터시각화 연구소의 콜린 웨어Colin Ware 소장은 사람의 눈은 어수선함 속에서 색깔, 모양, 패턴처럼 쉽게 알아볼 수 있는 시각적 자극을 찾아서 집중하려는 경향이 있다고 설명한다.[15]

데이터를 시각적으로 구성하면 대단히 복잡한 개념도 역동적이면서도 간략하게 표현할 수 있다. 도표와 그래프가 잔뜩 들어간 50장짜리 문서도 모니터 화면 하나에 전부 요약할 수 있다. 게다가 시각적인 정보는 적극적인 반응을 자연스럽게 이끌어낸다. 보는 이가 스스로 이미지를 해석하고 빈 공간을 채우고 때로는 직접 결론까지 내리도록 유도하기 때문이다.

동시에 시각적인 정보는 말로 설명하면 조금 추상적일 수 있는 개념을 구체적이고 알기 쉬운 것으로 바꿀 수 있다. 가령 '일시불보다 할부가 더 손해'라는 개념도 디자인을 활용하면 더 명료하게 설명할 수 있다. 아래 그림은 음식 값을 신용카드로 결제했을 때 돈을 언제 납부하느냐에 따라 실제로 내는 돈이 얼마나 달라지는지 보여준다 (그림 5-4 참조).

마찬가지로 그림 5-5에서도 개별적인 신용거래보다 총 신용잔액에 초점을 맞춰 매달 106달러씩 더 납부하면 상환기간이 11년 6개월

그림 5-4 은행이나 카드 회사에서는 돈을 늦게 납부할수록 얼마나 더 많은 돈을 내야하는지는 알려주지 않는다.

줄어든다는 사실을 보여준다.

시각화는 비교적 최근에 등장한 기법이지만 단순화 작업에서는 대단히 중요하다. 특히 문맥, 인과관계, 변화나 트렌드처럼 시각적 요소가 없다면 부연설명이 산더미처럼 필요할지 모를 복잡한 정보들을 효과적으로 표현할 수 있다. 통계연구소 갭마인더Gapminder의 설립자이자 유명한 정보 디자이너인 한스 로즐링Hans Rosling은 시각화 기법으로 국가별 소득격차와 사망률 사이에 존재하는 장기적인 트

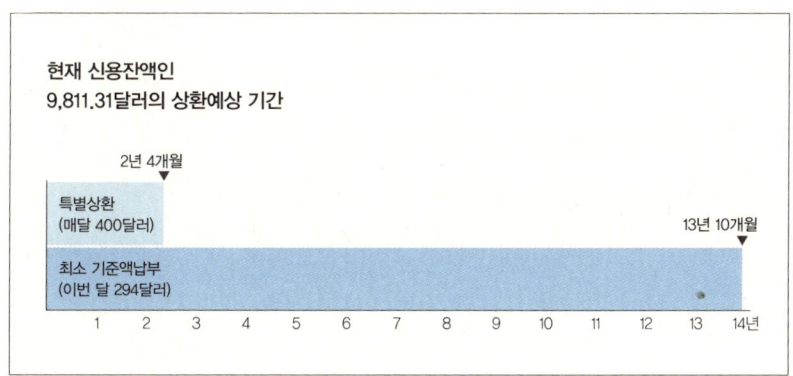

그림 5-5 매달 400달러를 납부하면 상환기간이 11년 6개월 줄어든다.

2부 혁신적 단순함은 무엇이 다른가

렌드를 간단하게 설명했다. 「뉴욕타임스」에서 논평한 대로 로즐링은 "국민소득 같은 자료들을 지루하게" 늘어놓지 않고 크기와 위치가 변하는 동그라미(각 나라를 의미한다) 하나로 사람들이 알고 싶어하는 모든 것을 설명한다.[16]

디지털마케팅 대행업체를 운영하고 있는 보브 그린버그Bob Greenberg는 "데이터 시각화 사업이 소비자와 기업 모두 중요하게 생각하는 디지털 시대의 새로운 성장동력이 될 것"이라고 예상한다(정부에도 중요하다. 국민이 복잡한 문제를 쉽게 이해할 수 있다). 그린버그는 고객이 시각적으로 표현된 자료를 곧 "당연하게" 받아들일 분야로 금융 산업을 꼽았다. 그는 이미 민트닷컴Mint.com 같은 기업들을 예로 들어 설명한다. "그 회사의 고객들은 계좌를 여러 개 갖고 있더라도 종합적인 데이터를 실시간으로 파악할 수 있습니다. 게다가 자신의 데이터뿐만 아니라 같은 도시나 주, 같은 나라에 있는 다른 고객들과 자신을 비교해볼 수도 있죠."[17]

의료 분야에서도 시각화는 큰 역할을 할 것이다. 의료정보를 객관적인 자료와 숫자로만 표현하면 이해하기 어려워진다. 예를 들어 그 약을 복용하면 어떤 병에 걸릴 확률은 17퍼센트 증가하고, 부작용이 나타날 확률은 1000분의 6이라고 얘기할 경우 실생활에서는 어떻게 받아들여야 할까? 숫자를 분명하고 구체적인 메시지로 바꾸기 위해 최근 UCLA 데이비드게펜 의과대학David Geffen School of Medicine의 의사들이 치료과정의 잠재적 위험요소를 시각적으로 표현한 '의료용 다트그래프medical dartboard'를 만들었다(그림 5-6). 그런데 왜 다트판이었을까? 의학저널 「플로스메디신PLoS Medicine」에서 그들은 이렇게 설명한다. "화살이 다트판의 어디를 맞히느냐에 따라 점수가 달라진다는 것은 누구나 쉽게 이해할 수 있는 개념입니다."[18]

> 복잡하고 혼란스럽다면 정보의 탓이 아니다. 그것은 디자인의 실패다.
> 에드워드 터프티 Edward Tufte
> (미국 통계학자)

시각화가 대단히 효과적인 기법이지만 사람들을 늘 난해한 용어에서 벗어나게 해주는 것은 아니다. 미국 특허청은 '대시보드dashboard(계기판)'라는 디자인 기법을 고안했다. 비행기의 계기판을 그대로 옮겨놓은 듯한 디자인은 화려하고 매력적이었지만(방향은 좋았다) 정작 그 계기판으로 뭘 측정할지에 대해서는 아무도 고민하지 않은 것 같다. 그들은 시각자료를 '심사대기 기간', '심사처리 일반기간', '건당 추가조치 비율' 같은 어려운 특허용어의 늪에 빠트림으로써 특허신청이라는 쉽게 이해할 수 있는 일을 불가사의하고 비현실적인 과정으로 보이게 만들었다.

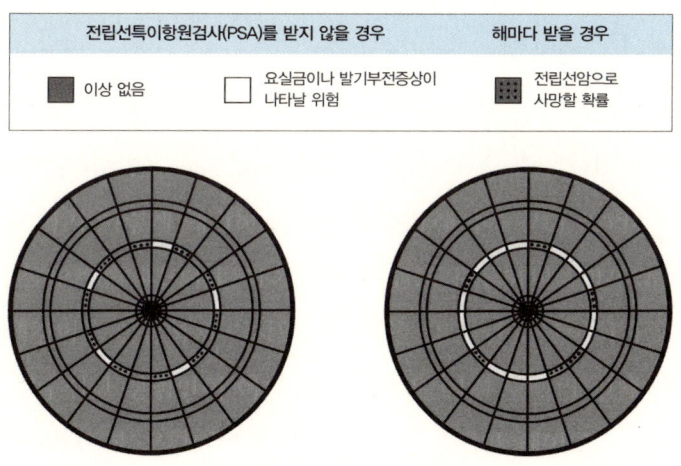

그림 5-6 의료정보를 시각적으로 표현하면 사람들이 좀 더 쉽게 이해할 수 있다.

일반적인 파워포인트 자료만 생각해도 시각화 작업 역시 만든 이의 의도에 따라 수준이 달라진다는 사실을 알 수 있다. 주제에 대해 깊이 연구하고 아이디어를 유기적으로 배치해 그것들을 간단명료하게 표현해야 하는 것이다. 그렇지 않으면 파워포인트 슬라이드 한 장도 10쪽짜리 계약서만큼 복잡해 보일 수 있다.

몇 년 전 슬라이드 한 장이 인간이 만들어낸 가장 복잡한 이미지가 틀림없다는 얘기가 나돌 정도로 악명을 떨친 적이 있다. 아프가니스탄의 군사작전 상황을 묘사한 그 슬라이드에는 각종 용어와 동그라미와 화살표 기호가 어지럽게 뒤엉켜 있었다고 한다.

당시 작전을 지휘했던 스탠리 A. 매크리스털Stanley A. McChrystal 장군도 인상을 찌푸리고 한참 동안 그 슬라이드를 들여다보곤 이런 결론을 내렸다. "이 슬라이드를 이해할 수 있다면 이번 전쟁도 거뜬히 이길 것이다."[19]

디자인과 시각화의 역할은 거기까지다. 나머지는 언어의 명료함에 달려 있다. 그래서 쉬운 언어를 써야 하는 것이다.

오늘날 사람들은 난해한 법률용어와 기업용어, 각종 전문용어에 둘러싸여 있다. 읽을 수도 없고 읽고 싶지도 않은 복잡한 계약서들이 밀물처럼 주기적으로 우리에게 덮쳐온다. 그렇지만 우리는 비즈니스를 수행해야 하고 꾸려가야 할 인생도 있으며 가끔씩 노래도 듣고 싶다. 그래서 계약서에 무슨 내용이 적혀 있든 잠자코 수긍할 뿐이다.

하지만 그대로 두면 문제는 더욱 심각해질 것이다. 신용카드 약관은 1980년에 비해 스무 배나 길어졌다. 소비자 운동가 엘리자베스 워렌은 과거의 약관은 "대금납부 기한을 넘겼을 때 추가이자율이 얼마인지 알려줬고 사실 그게 전부였다."고 지적한다. 그렇다면 왜 그렇게 길어졌을까? 워렌이 설명한 대로 "속임수와 함정이 들어 있기 때문이다."[20]

> **쉬운 언어는 시민의 권리다.**
> 앨 고어 Al Gore (미국 전 부통령)

전화요금 청구서는 난해하고 오해를 부를 만한 용어들로 가득하다. 아마 '통신사업자 비용보전요금'의 인상이 불가피하다는 고지서를 받은 적이 있을 것이다. 공공요금 같지만 통신사가 비용을 소비자에게 떠넘기려고 그럴듯하게 지어낸 이름이다. 게다가 청구서에 내용을 알 수 없는 수수료와 요금들이 이미 존재하기 때문에 추가하는 것은 더욱 쉽다.

도대체 무슨 일이 벌어지고 있는 것일까? 이제 더 이상 단순하게 표현할 길이 없을 정도로 모든 것이 그저 복잡해진 것일까? 그렇게 많은 조항이 반드시 필요한 것일까? 누군가는 사람들이 그렇게 믿길 바랄 것이다. 그러나 기업과 정부가 사용하는 언어에 명확한 커뮤니케이션이 아니라 다른 목적이 있다는 사실이 명백해지고 있다. 그들의 언어는 뭔가를 숨기고 있으며 사회를 복잡하고 혼란스럽게 만들고 있다.

쉬운 언어 쓰기 운동의 뿌리

지난 몇 년 동안 단순한 사회를 만들자는 운동은 무엇보다 행정, 경영, 법률 분야의 전문용어를 순화하자는 언어 운동이 중심을 이뤘다. 이 운동은 1970년대 중반 베트남전과 워터게이트 사건으로 미국인들이 더 이상 정부의 언어를 있는 그대로 받아들일 수 없게 되면서 시작되었다. 소비자 운동도 이때부터 성장하기 시작했다. 정부와 기업의 말을 믿을 수 없게 된 사람들은 더 많은 제품정보, 보기 편한 문서, 이해할 수 있는 규정, 간단명료한 커뮤니케이션을 요구했다.

쉬운 언어를 사용하자는 운동이 일어났을 때 우리 회사는 그 폭풍의 한가운데 있었다. 1977년 당시로서는 획기적이었던 '쉬운 언어 쓰기 법안plain English law'을 뉴욕시가 수립하는 데 힘을 보탰었고 지미 카터Jimmy Carter 대통령 시절에는 사실상 연방정부가 추진했던 최초의 단순화 프로젝트에도 참여했었다.

그를 좋아하든 싫어하든, 어쨌든 카터 대통령은 열정적으로 단순함을 추구했던 최초의 인물 중 한 명이다. 그는 1978년 역사적인 대통령령 하나를 발표했다. 그는 거기서 연방공무원들에게 모든 규정을 "그 규정을 지켜야 할 국민이 이해할 수 있는 쉬운 말로 작성하라."고 지시했다. 카터는 세금신고서 및 각종 양식을 단순하게 바꾸려고 최초로 시도했고 행정기관이 명료한 규정과 문서를 만들도록 적극적으로 유도했으며 그 일을 직접 감독했다.

카터 대통령 다음에 등장한 로널드 레이건Ronald Reagan 대통령은 쉬운 언어 쓰기 법안을 모조리 폐지했다(레이건 행정부가 국세청의 세금신고서 1040EZ 양식 제작 사업에 자금을 지원하긴 했지만). 레이건 대통령과 그의 주변에 있던 전문가들에게 쉬운 언어를 쓰자는 정부정책은 자유경쟁시장을 방해하는 시시콜콜한 규칙, 다시 말해 그저 또 다

공문서 등 각종 서류에 등장하는 난해한 용어를 뜻하는 단어를 뜻하는 '가블디국gobbledygook'은 1944년 공교롭게도 이름이 모리 매버릭Maury Maverick이었던 텍사스 주의 한 하원의원이 처음 사용했다(영어 단어 'maverick'은 주장이나 개성이 강한 사람을 의미하기도 한다. 매버릭 의원은 공무원들이 사용하는 난해한 용어가 마치 칠면조 울음소리 같다고 해서 '가블디국'이란 표현을 썼다고 한다. -옮긴이). 그가 국방부에 소속된 정부기관을 감독할 때 마주쳤던 난해한 행정용어들을 묘사하기 위한 표현이었다. 매버릭 의원은 이런 지시사항을 전달했다. "'가블디국'을 자제해주세요. 사람들을 그저 괴롭히는 일입니다. 제발 간단하고 알아듣게 말합시다. 이제부터 '활성화'나 '정책구현' 같은 용어를 쓰는 사람은 가만두지 않겠습니다."²¹

른 '정부규제'일 뿐이었다. 그러나 1998년 클린턴 대통령이 정부 부처와 산하기관들에게 모든 행정문서를 이해하기 쉬운 언어로 작성하라고 지시했고 운동은 어느 정도 다시 힘을 얻었다. 당시 앨 고어 부통령은 행정부 안에서 쉬운 언어 쓰기 훈련 프로그램을 직접 감독했고 어려운 표현을 쉬운 말로 바꾼 연방공무원에게 매달 '노 가블디국No Gobbledygook' 상을 수여하기도 했다. "쉬운 언어는 시민의 권리다."라는 유명한 말도 그의 입에서 나왔다.

조지 부시George W. Bush 대통령 시절은 빨리감기 버튼을 눌러 그냥 넘어가자. 이 순진한 대통령은 이 운동에 전혀 관심이 없었다. 가장 최근에 나타난 이 운동의 결실은 오바마 대통령이 서명한 '2010 쉬운 언어 쓰기 법안the Plain Writing Act of 2010'이다. 이 법안은 쉬운 언어란 '분명하고 간결하고 조리 있는' 언어라고 정의하고 모든 행정문서가 '쉬운 언어'로 작성돼야 한다고 못 박았다.

카터, 클린턴, 고어, 오바마처럼 전 세계에서 가장 큰 권력과 영향력을 가진 지도자들이 이처럼 쉬운 언어를 쓰자고 부르짖었음에도 왜 별다른 진전이 없는 것일까? 부분적인 이유는 이 운동이 지나치게 정치적으로 변했기 때문이다. 단순하게 만들고 쉬운 언어를 도입하는 것은 좌파나 우파의 문제가 될 수 없다. 명료한 커뮤니케이션은 기업을 비롯해 모두에게 이익이기 때문이다.

그러나 더 큰 문제는 법률로는 단순한 사회를 만들기가 어렵다는 것이다. 그러한 시도는 오히려 사회를 더 복잡하게 만들 수 있다. 예를 들면 현재의 쉬운 언어 쓰기 법안들은 주별로 심지어 산업별로도 각기 다른 준수요건을 갖추고 있다.

단순명료한 사회를 위한 법률이 지나치게 자세하고 권위적이면 비뚤어진 결과를 낳을 수 있다. 법을 지키려는 노력이 법의 취지가 아니라 글자에만 매달리는 변호사에게 맡겨지기 때문이다. 그 결과 엄밀히 따지면 규정을 따르지만 오히려 훨씬 복잡한 30쪽짜리 약관이 또다시 탄생한다.

단순함을 요구하는 규정은 세부사항이나 요건, 문서작성공식이 아니라 종합적인 목표를 세운다는 관점에서 출발해야 한다. 목적지만 정하는 것으로 충분하다. 그곳에 가는 경로까지 세세히 정하려고 하면 오히려 일을 그르치기 쉽다.

**쉬운 언어는
이윤을 창출한다**

쉬운 언어를 사용하라는 요구가 그저 새로 생긴 규정이나 법적 의무로만 보일 때 기업은 커뮤니케이션이 아니라 규칙을 준수하는 데에만 모든 관심을 쏟는다. 하지만 쉬운 언어를 훌륭한 사업 방식으로 인식한다면 기업은 커뮤니케이션을 단순명료하게 만들기 위해 최선을 다할 것이다.

기업은 윤리적으로 또 실리적으로 보더라도 쉬운 언어 사용을 자신의 임무로 삼아야 한다. 실리적 이유부터 보자면 기업이 고객과 단순하고 정직하게 소통하면 다음과 같은 결과가 나타난다.

- 제품과 서비스에서 특별한 부가가치를 창출할 수 있다.
- 고객은 더 큰 만족을 느끼고 정확한 정보를 얻는다.
- 기업에 대한 신뢰도가 높아진다. 조사결과 84퍼센트의 소비자가 전문용어를 사용하지 않을 때 그 기업을 더 신뢰하는 것으로 나타났다.[23]
- 신뢰도가 높아지면 브랜드 충성심도 올라간다.

단순명료한 언어는 이른바 '인지적 유창성 cognitive fluency'을 높인다. 이 용어는 심리학에서 어떤 개념이 얼마나 쉽게 이해될 수 있는지 알려주는 지표를 의미한다. 어떤 말이나 개념을 쉽게 이해할 때 사람들은 더 기꺼이 수용하고 신뢰한다. 인지적 유창성을 연구하는 프린스턴 대학교의 대니얼 오펜하이머 교수는 이렇게 설명한다. "초콜릿을 먹거나 강아지와 노는 일처럼 친숙한 일은 긍정적인 경험을 줄 수밖에 없습니다." 사람들에게 초콜릿이나 강아지를 나눠주라는 얘기가 아니다. 단순한 언어만으로도 고객을 만족시킬 수 있다는 뜻이다.

단순명료한 언어의 사용은 사업적 이유를 떠나서 처음부터 옳은 일이기 때문에 비즈니스뿐만 아니라 스스로에게 만족을 줄 수 있는 방법이기도 하다. 회사의 손익구조를 개선하는 문제일 뿐만 아니라 가장 높은 이상을 실현하는 일이기도 한 것이다. 기업이 고객을 언제나 솔직하게 대한다고 알려지면 직원들에게도 목적의식과 자부심이 생긴다.

이상적인 얘기는 여기서 멈추고 현실로 다시 돌아가자. 분명하고 쉬운 언어를 써야 하는 이유가 이렇게 많은데도 비즈니스 분야에서는 아직도 난해한 용어가 점점 더 늘어나고 있다. 「월스트리트저널」은 최근 경영대학원들이 명료한 글쓰기와 말하기 강좌를 따로 개설하고 있다고 얘기했다. 너무 많은 졸업생이 회사에 들어와 대학원에서 쓰던 전문용어를 남발한다며 기업들이 불만을 표시했기 때문이다.[24] 애매모호한 용어를 쓰면 전략과 아이디어를 정확하게 제시하기 어렵고 기업 입장에서는 심각한 문제가 될 수 있다. 하지만 더 심각한 문제는 회사 안에 있는 사람들이 자기들만의 언어를 계속 쓰면 자연스레 바깥세상까지 오염된다는 것이다.

회사의 투자자에게도 영향을 미친다. 상당수의 투자자(65퍼센트)들이 투자계획서가 너무 어렵다고 생각하고 읽기를 포기한다. 영화제작

> 분기보고서, 사업계획서, 연례보고서, 그밖에 미국의 기업이 쏟아내는 대부분의 문서는 복잡하고 혼란스럽다. 거의 그대로 쓰레기통으로 들어가는 게 아닐까 의심스럽다.[22]
>
> 아서 레빗 Arthur Levitt
> (미국 증권거래위원회 SEC 전 의장)

사 라이온스게이트Lionsgate가 작성한 아래의 투자계획서를 한 번 읽어보면 투자자들을 탓하기가 쉽지 않다.

> 이로써 등록인은 증권법 8(a)조항에 따라 이 등록계출서의 효력이 발생한다고 명시하는 추가 수정사항을 고지할 때까지, 또는 앞에서 언급한 8(a)조항을 따르는 증권거래위원회가 제시한 날짜에 등록계출서가 효력을 가질 때까지, 발효일을 연기하기 위한 목적 등으로 등록계출서상의 날짜 또는 복수의 날짜를 수정한다.[25]

라이온게이트가 이 문장을 영화로 만들었다면 한 편의 슬픈 코미디가 탄생했을 것이다.

물론 전문용어가 금융보고서나 서류에 끼어드는 것은 문제다. 말이 너무 어려워 '핑글리시Finglish, Financial English'라는 단어까지 생겼지만 이제는 금융인들이 그렇게 얘기하는 것을 당연하게 여길 정도다. 그러나 더 큰 문제는 전문용어가 고객과의 일상적 대화까지 지배한다는 것이다. 전화요금 청구서, 시청료 청구서, 기업의 안내문, 제품 설명서, 대출 약정서에 이르기까지 그 사례는 셀 수 없이 많다.

전화요금 청구서의 '현재 요금'은 한 달 전에 미리 내는 요금도 포함돼 있어 혼란을 준다. 그것은 미래이지 현재가 아니다. 기업이 혼자 얘기하고 있다는 것을 보여주는 단 하나의 사례일 뿐이다. 그다음에 나오는

> 효과적 글쓰기의 비밀은 간단하다. 독자에게 말을 걸어라. 당신의 편지나 기사를 읽을 사람이 앞에 앉아 있다고 상상하라. 형식을 따지지 말고 긴장을 풀어라.
>
> 루돌프 플레시Rudolf Flesch
> (『진심을 말하라Say What You Mean』 저자)

'월 분할 할인에 대한 1개월 할부' 같은 말은 더욱 머리를 아프게 한다.

쉽게 말하는 방법을 배우는 것은 어렵지 않을 것이다. 다만 '기업처럼 말하기'라는 기존의 관행을 깨는 것이 어려울 뿐이다. 회사에 있는 사람들은 말을 할 때 특별한 음색, 말투, 어휘를 사용하도록 훈련받는 것 같다. 마치 이런 느낌이다. 나는 모든 일을 엄격한 규정에 따라 처리하는 보수적인 기업세계의 일원입니다. 나는 대기업 법인을 대표하는 사람이고 당신은 작고 힘없는 고객일 뿐입니다. 자, 거기서부터 이야기를 시작해봅시다.

전문용어 대신 명료하고
인간적인 언어를 사용하라

명료한 커뮤니케이션을 위해 기업은 무엇보다 지나치게 격식을 따지는 태도를 버리고 훨씬 더 인간적으로 접근해야 한다. 워런 버핏은 자신의 투자회사 버크셔해서웨이Berkshire Hathaway의 연례 보고서를 작성할 때 그런 태도를 취한다. 그는 보고서를 쓰는 방식에 대해 이렇게 설명한 적이 있다. "보고서를 쓸 때 저는 누이들을 떠올립니다. 대단히 똑똑하지만 회계나 금융에 대해선 잘 모르는 사람들이죠. 쉬운 말로 설명하면 이해하겠지만 전문용어를 쓰면 아마 혼란스러워할 겁니다. 전 제가 반대로 그들의 입장이라면 어떤 정보를 원할지 생각해보죠."[26]

버핏이 누이들을 떠올렸다면, 증권거래위원회SEC의 전 의장 아서 레빗Arthur Levitt(재임기간 동안 쉬운 영어 쓰기 운동을 이끌었다)은 자신의 고모를 생각했다. 그는 한 잡지와의 인터뷰에서 과연 이해하기 쉽게 글을 썼는지 알아보고 싶을 때 이렇게 한다고 했다. "저는 저희 에드나 고모를 생각합니다. 고모가 과연 이걸 이해할 수 있을까? 아니라고 생각되면 다시 써야죠."[27]

에드나 고모도 대부분의 사람들과 마찬가지로 아래의 규칙을 지키는 글에 반응을 보였을 것이다.

- 가급적 짧은 문장을 사용하라.
- 전문용어나 기술용어를 단순하고 일상적인 단어로 바꿔라. 어쩔 수 없이 기술용어를 사용해야 할 때는 설명과 용례를 추가하라.
- '나'와 '여러분' 같은 인칭대명사를 써라.
- 수동표현보다 가급적 능동표현을 사용하라.
- 지루함을 덜 수 있는 유머나 우아한 표현 등을 중간중간 사용하라.

명료하게 말하는 법을 배우는 일은 한편으로 회사만의 진실하고 개성적인 목소리를 찾는 일이다. 관념적인 조직의 '공식적인(때로는 공격적인)' 목소리가 아니라 브랜드와 기업 그리고 그 안에 있는 모든 사람들의 이상과 개성이 담겨 있는 목소리를 찾아야 한다. 그리고 그 목소리가 모든 커뮤니케이션 과정과 고객과 만나는 모든 지점에서 뚜렷하게 울려야 한다. 또한 솔직하고 인간적인 태도로 고객과 대화할 수 있도록 직원들을 교육하고 이끌어야 한다. 회사의 블로그에서든, 사무실에서든, 매장에서든 직원들이 브랜드와 관련된 특성뿐 아니라 그들의 개성까지도 자유롭게 표현하도록 만들어야 한다.

애플의 앱스토어AppStore에서 판매하는 애플리케이션에 대해 애플이 작성한 안내문을 보면 그들이 회사의 개성을 어떤 식으로 표현하는지 알 수 있다.

앱스토어에는 이미 25만 개 이상의 앱이 있습니다. 시시한 앱은 이제 필요 없습니다. 당신의 앱이 고객에게 쓸모가 없거나 즐거움을 주지 않는다면 다른 곳을 알아보는 게 좋을 겁니다.

「파이낸셜타임스Financial Times」의 칼럼니스트 루시 켈러웨이Lucy Kellaway는 위의 안내문을 이렇게 평가했다. "어조가 딱 부러지면서도 유머러스하고, 위협적이면서도 우아하다. '앱'이 무엇인지 전혀 몰랐지만 나도 모르게 자연스럽게 읽고 있었다."[28]

얼마 전 애플의 프로그램 아이튠즈iTunes로 영화 한 편을 내려받다 문제가 생겨 고객지원센터에 연락한 일이 있었다. 거기서도 우리는 똑같이 '인간적인 느낌'을 받았다. 서비스센터의 회신은 우선 대화체였고 고객의 실제 이름을 반복적으로 사용했다. 문제의 성격을 정확히 파악하고 있다는 인상을 주면서 간단하고도 실용적인 해결책을 제시했다. 심지어 같은 일이 반복되지 않게 하려면 어떻게 해야 하는지 요령도 설명했다. 기계적인 답변이 아니라 대화를 나누는 것 같았다. 한마디로 명료하고 매력적인 커뮤니케이션이 무엇인지 알려주는 이상적인 사례였다(그림 5-8 참조).

사실 서비스에 대한 불만이나 제품의 이상은 반드시 생기기 마련이다. 하지만 그런 일이 발생하더라도 기업이 어떤 식으로 고객과 대화하느냐에 따라 결과는 크게 달라질 수 있다. 온라인 DVD 대여점

아이튠즈 고객센터가 보내온 이메일은 친밀하고 매력적인 커뮤니케이션이 무엇인지 보여준다.

아이튠즈가 보낸 친절한 확인메일

아이린 에츠콘

보내는 사람:	아이튠즈 스토어 〈iTunesStoreSupport@apple.com〉
시간:	2011년 7월 31일(일) 1:11PM
받는 사람:	아이린 에츠콘
제목:	Re: 리스트에 없는 문제가 생겼어요.

안녕하세요. 또 왔습니다. *— 친근한 대화체를 쓰고 있다*

고객이 확실히 만족하고 있는지 다시 확인하고 있다

혹시 다른 문제로 여전히 불편함을 겪고 계시는 건 아닌지 확인하고자 메일 보냅니다. 고객님의 문제를 해결하는 것이 저희한텐 중요하거든요. 그러니 언제든지 도움이 필요하시면 주저하지 마시고 연락주십시오.

라구나스 드림
아이튠즈 스토어/ 맥 앱스토어 고객지원팀
근무시간: 오전 7시부터 오후 4시까지(토요일~수요일)

자신과 언제 다시 연락할 수 있는지 친절하게 알려준다

도울 수 있는 기회를 마련해주셔서 감사드립니다.

아이린 씨에게

곧바로 자신이 누구인지 밝히면서 인간적인 관계를 만든다

저는 아이튠즈 스토어 고객지원팀에서 일하고 있는 라구나스라고 합니다. 문의하신 내용을 설명해드리기 전에 먼저 회신이 늦은 점에 대해 사과드립니다. 저희가 준수하려고 노력하는 시간보다 확실히 고객님을 더 오래 기다리게 만들었습니다. *— 필자는 회신이 늦었다고 생각하지 않았다. 훌륭한 예방조치다.*
현재 예상보다 업무량이 많아지고 있습니다. 여유를 갖고 기다려주셔서 다시 한 번 감사드립니다.

내 이름을 직접 사용한다

고객님이 아이튠즈에서 대여하신 영화 〈모닝글로리〉에 조금 문제가 발생하셨군요. 고객님의 애로사항을 충분히 공감하고 있고 최선을 다해서 도와드릴 테니 너무 걱정하지 마십시오. *내 문제를 구체적으로 언급한다*
아이린 씨, 일단 환불처리를 해드렸습니다. 5일에서 7일 안에 구매에 사용하셨던 신용카드 명세서에 4.99달러가 환불 처리되었다고 표시될 겁니다. *— 분명하고 구체적인 조치*

영화처럼 대용량 콘텐츠는 일단 컴퓨터로 내려 받으신 다음 아이패드에 옮겨서 감상하시는 게 좋습니다. 와이파이나 개인용 무선네트워크는 가끔씩 불안정할 때가 있어 다운로드에 문제가 발생할 수 있거든요. *— 앞으로 다운로드 받을 때 필요한 유용한 팁*

아이린 씨, 저희의 조치로 문제가 해결되셨길 바랍니다. 도움이 더 필요하시면 언제든지 다시 연락주시기 바랍니다. 더욱 기쁜 마음으로 찾아뵙겠습니다.

아이튠즈를 이용해주셔서 감사드립니다.

좋은 하루 보내세요.

라구나스 드림
아이튠즈 스토어/맥 앱스토어 고객지원팀

아이튠즈가 보낸 최초의 답변메일

그림 5-8 저자가 아이튠즈 고객지원센터와 주고받은 이메일.

넷플릭스Netflix는 작년에 가격인상과 대대적인 서비스 개편을 급작스럽게 실시했고 이후의 결과는 누가 보더라도 완전한 실패였다. 하지만 사과 하나는 제대로 했다. 궁지에 몰렸을 때 대화를 나누려면 이처럼 솔직하고 단순하게 말하는 수밖에 없다. 넷플릭스의 CEO 리드 해스팅스Reed Hastings는 첫 문장이 다음과 같이 시작되는 이메일을 고객들에게 보냈다. '○○○ 씨께. 제가 일을 망친 것 같군요. 궁금하실 상황을 말씀드리겠습니다.'

이 솔직한 고백만으로도 그를 단번에 용서하고 싶을지 모르겠다. 그러나 이 편지는 계속해서 회사의 실수를 대단히 개인적이고 감성적인 관점으로 설명한다. (해스팅스는 회사가 실시간 서비스로 너무 천천히 가고 있다고 생각될 때 '가장 두려웠다'고 고백한다. 그가 왜 그렇게 일을 서둘렀는지 어느 정도 이해할 수 있는 대목이다.) 그다음 해스팅스는 "지금부터 우리가 생각한 해결책을 설명하겠습니다."라고 얘기하며 진지하게 후속 조치를 설명한다.

우리는 언젠가 한 보고서에서 나쁜 소식을 부드럽게 전하는 가장 좋은 방법은 명료하고 솔직하게 얘기하는 것이라고 밝혔던 적이 있다. 해스팅스는 우리의 보고서를 엿본 것이 틀림없다. 하지만 기업 변호사나 홍보 담당자는 정반대로 잘못을 저질렀다면 '돌려서' 얘기하라고 조언한다. 이것은 잘못된 생각이다. 사람들은 솔직하게 말해주길 바란다. 기분 좋은 일이 아니라면 더더욱 그렇다. 사실 회사가 나쁜 소식도 정직하고 분명한 태도로 얘기하면 고객과의 관계는 오히려 돈독해질 수 있고 문제가 해결된 다음 더 큰 신뢰가 생기는 법이다.

상대의 마음을 움직이는
세 가지 설득의 원칙

단순한 언어를 가로막는 가장 큰 장애물은 아마 기업문화에 배어 있는 거부감일 것이다. 사람들, 특히 변호사들은 이렇게 말한다. "여긴 비즈니스를 하는 곳이에요! 그런 말을 쓰면 안 됩니다!"

기업의 많은 변호사들이 그 취지도 고민하지 않고 쉬운 말로 하는 것에 반대한다. 법적 효력을 잃지 않고 소송 당할 일도 없는 단순명료한 법률서류를 분명히 만들 수 있는데도 변호사들은 법률용어가 일상적인 말보다 그저 정확하다고 주장한다. 단순해지기 위해 기업이 법적 보호장치까지 포기하라는 뜻은 아니다. 누리고 싶은 보호규정이나 권리가 있다면 무엇이든 문서에 집어넣을 수 있다. 단, 고객이 이해할 수 있는 말로 쓰라는 것이다. 그렇게 할 때 기업은 오히려 법적으로 더 안전해질 수 있다. 단순명료한 문서가 자신들이 아무것도 숨기거나 속이지 않는다는 명백한 증거이기 때문이다.

그래도 법률용어와 복잡함은 기업 안에 너무나 깊이 뿌리박혀 있어 단순해지는 것은 불가능하다고 얘기하는 사람이 늘 나타난다. 그럴 때는 '망치를 든 철학자'로 불릴 만큼 인습과 철저하게 싸웠던 철학자 니체처럼, 회사 안에서도 우상을 깨트리고 오래된 비즈니스 관행에 맞서야 한다. 때때로 사람들에게 세상이 단순해질 수 있다는 확신을 주는 유일한 방법은 일단 뛰어들어 단순하게 만들어버리는 것이다.

니체만으로 부족하다면 로고스logos, 파토스pathos, 에토스ethos 세 가지 개념으로 단순

> 가장 훌륭한 글은 대부분
> 단순하고 소박한
> 단어로 이뤄져 있다.
> 조지 엘리엇 George Eliot (영국의 소설가)

명료한 커뮤니케이션의 고전적 이상을 제시한 아리스토텔레스도 있다. 아리스토텔레스는 『수사학』에서 상대의 마음을 움직일 수 있는 세 가지 원칙(설득의 원칙)을 설명한다.

1. 로고스: 언어 자체에 들어 있는 논리와 근거
2. 파토스: 청중에 대한 감정적 호소
3. 에토스: 화자의 성격과 신뢰성

현대 비즈니스로 되돌아가 워런 버핏이 주주들에게 보내는 연례보고서를 다시 살펴보자. 끔찍한 경제위기가 발생했던 직후인 2009년 버핏은 주주들의 심정을 헤아려 사려 깊고 단순명료한 서한을 작성해 송부했다. 금융업계에서 좀처럼 보기 힘든 행동이었다. 처음 몇 장만 보더라도 그의 편지가 아리스토텔레스가 제시한 설득의 원칙을 얼마나 충실히 반영하고 있는지 알 수 있다.

1. 로고스: 버핏은 회사의 실적을 평가하는 기준으로 S&P 500 지수(국제 신용평가기관인 스탠더드앤드푸어 Standard&Poor 사가 작성하는 주가지수)를 선택한 이유에 대해 이렇게 설명한다. "경영실적을 평가할 때 우리가 선택한 방법이 맞은편 페이지에 나와 있습니다. 찰리(버크셔해서웨이의 부회장 찰스 멍거 Charles Hunger를 말한다. — 옮긴이)와 나는 가장 먼저 해야 할 일은 회사의 성과를 측정할 수 있는 합리적이고 객관적인 기준을 마련하는 일이라고 생각했습니다. 그래야만 화살을 쏜 다음 나중에 과녁을 그려넣고 싶은 유

혹을 떨칠 수 있기 때문입니다. S&P 500 지수를 측정기준으로 선택한 것은 어렵지 않은 결정이었습니다. 왜냐하면 주주 여러분은 인덱스펀드(종합주가지수의 변동과 동일한 투자성과를 얻으려는 목표로 구성된 포트폴리오를 의미한다. 위험을 분산시킬 수 있고 운용비용이 저렴하다는 장점을 갖고 있다.-옮긴이)에 가입하는 것만으로 거의 아무런 비용 없이 비슷한 성과를 얻을 수 있으니까요. 우리가 단순히 똑같은 결과를 되풀이한다면 여러분이 우리 회사에 돈을 낼 이유가 어디 있겠습니까?"

2. 파토스: 버핏은 잠재적인 독자까지 모두 고려해 글을 쓴다. 다음 글을 보면 한 수학자와 컨트리 음악이라는 소재를 이용해 광범위한 독자층의 지지를 이끌어내고 있다. "프로이센에 야코비Jocobi라는 위대한 수학자가 한 명 있었습니다……. 어려운 수학문제를 풀 때 이렇게 조언하곤 했죠. 뒤집어라, 언제나 뒤집어라. 이 방식은 일상에서도 활용할 수 있을 것 같습니다. 한번 컨트리송을 거꾸로 불러보세요. 그러면 여러분은 차와 집과 아내를 재빨리 되찾을 것입니다(알코올 중독, 가난, 불륜 등은 컨트리음악에 자주 등장하는 소재다.-옮긴이)." 금융계에서 그렇게 높은 위치에 있는 인물이 오히려 친근한 태도를 취함으로써 독자들은 버핏의 숨겨놓은 인간적 매력도 엿볼 수 있다. 사람들에게 부회장과 최고경영자가 아니라 '찰리와 나'로 다가가고 있다.

3. 에토스: 버핏은 엄청난 에토스를 갖고 있다. 회사의 최고경영자일

> 확신을 갖는 것보다 이치를
> 파악하는 게 더 중요하다.
> 프랑수아 고티에 Francois Gautier
> (프랑스 작가)

뿐만 아니라 천재적인 투자자다. 믿음이 간다고 아무에게나 '오마하의 현인'이란 별명을 붙이는 것은 아니다.

버핏은 로고스, 파토스, 에토스를 활용해 복잡한 언어와 개념을 쉽게 풀었고 청중의 마음을 사로잡았으며 효과적으로 개성을 드러냈다. 실제로 해마다 2월이 되면 주주든 주주가 아니든 많은 이들이 버크셔해서웨이의 연례보고서를 기다릴 정도로 버핏의 서한은 기업 커뮤니케이션의 모범을 제시한다.

아리스토텔레스의 고전이론은 기업 커뮤니케이션 전반에 걸쳐 적용될 수 있다. 로고스(확실한 논리와 상식에서 출발하는 것)와 파토스(고객과 공감하고 인간적인 관계를 맺는 것)와 에토스(늘 진실하고 솔직한 자세로 고객을 대하는 것)의 결합은 사실상 지난 수천 년 동안 흔들리지 않았던 튼튼한 커뮤니케이션 모델을 제시할 것이다.

> 많은 이들이 보고서나 글을 쓸 때 난해한 언어를 사용해야 독자에게 '더 똑똑해' 보일 것이라 생각한다. 그래서 대니얼 오펜하이머 교수는 독자가 글쓴이의 지적 능력을 어떻게 평가하는지 알기 위해 문서의 복잡한 정도를 조작하는 실험을 실시했다. 결과는 어땠을까? 독자들은 글이 복잡할수록 글쓴이의 지적 능력도 낮을 것이라 판단했다.[29]

SIMPLE

3부

단순함을
어떻게
널리 퍼뜨릴 것인가

[Chapter 6]
단순함을 기업문화로 전파하기

기업이 단순해지기 위해서는
기업의 목표가 분명해야 하고
조직 전체에 '단순함의 문화'가 스며들어야 한다.

기업은 단순함을 자신의 본능으로 삼을 만큼 변할 수 있을까?

몇 년 전 뉴욕에서 열린 한 행사에 참석한 적이 있었다. 행사장에 들어서자 단순한 사회를 꿈꾸는 우리로서는 마치 천국에 온 듯한 기분이 들었다. 하얀 커튼이 흩날리고 고급스러운 하얀 소파와 하얀 카펫, 거기다 온통 하얀 옷을 입은 사람들이 단순함의 가치에 대해 이야기하고 있었기 때문이다. '최고 단순함 경영자chief simplicity officer'라는 명찰을 달고 있는 인물도 만났고 출입구의 푯말에는 '단순함 이벤트The Simplicity Event'라는 말까지 적혀 있었다.[1]

그 행사의 주최자는 세계 최고의 가전제품 기업 필립스Philips였다. 필립스는 그 자리에서 전처럼 연구개발만 집중하는 기업이 아니라 단순함을 추구해 고객을 먼저 생각하는 기업으로 거듭나겠다고 약속

> 위대한 지도자들은 항상 단순한 것을 추구한다. 그들은 논쟁, 토론, 의심을 뛰어넘어 모두가 이해할 수 있는 해결책을 제시한다.
>
> 콜린 파월 Colin Powell (전 미국 합참의장)

했다. 1년에 3,000건의 특허를 신청하는 세계적 기술회사로서 복잡함은 필립스의 숙명이었다. 하지만 당시 최고경영자 헤라르트 클레이스테를레이 Gerard Kleisterlee는 회사를 근본적으로 바꾸고 싶었다. 그래서 회사는 경쟁력 있는 필립스만의 색깔을 찾는 작업에 착수했다. 그 색깔은 프라이팬에서 MRI 장비까지 수없이 다양한 제품을 만드는 이 기업을 하나로 아우르면서 동시에 다른 회사와 구별할 수 있는 것이어야 했다. 그리고 이사 한 명이 "모든 것이 단순해지는 그날 필립스는 달라질 것이다."라고 농담조로 한 발언이 슬로건이 되었다. 하지만 당시로서는 현실과 먼 대단히 이상적 슬로건이었기 때문에 열정과 걱정을 동시에 불러왔다.

필립스는 특별팀을 꾸려 회사의 변화에 대한 시장의 반응을 조사하고 그 변화의 강도를 결정하는 데 꼬박 1년을 쏟아부었다. 1,650명의 소비자와 8개국의 180개 고객사를 대상으로 앞으로 필립스가 해결해야 할 사회적 문제가 무엇인지 조사했다. 사람들은 확실히 세상이 지나치게 복잡해졌다고 느끼고 있었고 기술만능주의도 경계하고 있었다. 사람들의 요구가 무엇인지 확실히 파악했다고 느낀 필립스는 대책을 고민하기 시작했다.

그때부터 제품과 전반적인 경영 프로세스에 대한 광범위하고 지속적인 개혁이 추진되었다. 재무, 디자인, 마케팅, 커뮤니케이션, 인적자원 관리 등 회사의 모든 영역이 단순명료한 세 가지 원칙을 목표로 삼았다.

- 고객 중심의 디자인
- 사용하기 편할 것
- 발전된 제품과 서비스

그날 행사에서 필립스는 시제품을 선보이며 새로운 경영철학이 앞으로 어떤 결과를 가져올지 미리 보여주었다. 시제품들은 하나같이 사용이 편리하도록 단순하게 설계돼 있었다.

페인트를 새로 칠할 때 집안과 잘 어울리는지 보려고 굳이 직접 칠해야 할까? 대신 페인트의 전자칩을 전등의 센서에 갖다대면 전구가 알아서 빛깔을 조정해 방안의 색깔이 마법처럼 바뀌면 어떨까. 리모컨은 어떻게 변했을까? 필립스가 꿈꾸는 단순한 세상에서 버튼이 잔뜩 달린 리모컨은 단 하나의 버튼으로 모든 작업을 수행할 수 있는 지팡이 모양의 장치로 대체된다. 가족에게 메시지를 남기고 싶다면 벽에 걸린 터치스크린 방식의 전자게시판을 사용하면 된다. 손으로 편하게 메모를 작성해 가족의 사진을 누르기만 하면 끝이다.

경영진이
먼저 시작하라

제품 디자인의 변화는 시작에 불과했다. 이번 일의 책임자였던 최고마케팅경영자CMO 안드레아 라그네티Andrea Ragnetti와 대화를 나눴을 때 변화의 기운이 회사의 모든 영역을 지배하고 있음을 금방 알아차릴 수 있었다. 두 달씩 걸리던 직원채용 과정이 일주일 만에 끝났다. 파워포인트를 제작하느라 몇 시간씩 허비했었지만 이제 한 번의 발표에 슬라이드를 10장 이상 쓸 수 없다(1년으로 따지면 정말 엄청난 슬라이드를 줄인 셈이다). 13개의 사업부가 5개로 줄어들었다. 재무보고서도 이해하기 쉽고 구체적인 행동으로 옮길 수 있도록 내용과 구성을 완전히 바꾸었다.

필립스는 고객의 입장에서 단순하다는 말의 의미를 더욱 확장했다. 필립스에게 단순하다는 것은 생활 속의 모든 골칫거리와 장애물이 사라진 상태다. 그들의 목표는 이제 고객의 일상에 존재하는 모든 불협화음을 적극적으로 찾아내고 축적된 노하우와 자원을 이용해 그것들을 제거하는 것이다.

필립스가 이 야심찬 목표를 성공적으로 달성할지는 조금 더 지켜봐야 할 것이다. 하지만 회사 전체가 단순해지려고 시도했다는 점에서 의미 있는 모델을 제시한 것만은 틀림없다. 무엇보다 훌륭한 점은 회사 안에서 가장 높은 지위를 가진 경영자들이 앞장섰고 지원을 아끼지 않았다는 것이다. 기업문화에 단순함을 불어넣고 싶다면 반드시 따라야 할 교훈이다.

CMO 라그네티 같은 고위급 임원이 총책임자라는 사실은 회사가 단순함을 정말로 중요한 과제로 생각한다는 신호다. 하지만 필립스는 그 강력한 신호조차 놓치는 사람이 있을지 모른다고 생각했다. 그래서 직원들이 새로운 목표를 이해하며 모두가 동참하고 있다는 것을 확인하기 위해 1년에 두 번씩 모든 직원의 자세를 다시 점검했다.(직원들은 대부분 동참하고 있었다. 사소하지만 의미 있는 개선점들을 무려 500가지나 찾아낸 아이디어 리스트를 만든 것도 바로 직원들이었다.)

뉴욕에서 개최한 행사를 통해 새로운 경영철학을 발표한 후 필립스는 이어서 '센스 앤드 심플리시티Sense and Simplicity'라는 슬로건 아래 대대적인 홍보활동을 펼쳤다. 책임자 라그네티는 이렇게 과감하게 대중 앞으로 나서야 회사가 더 큰 목적의식을 가지고 빠르게 변할 수 있다고 생각했다. 필립스와 오랫동안 일해온 델프트 공대의 야스퍼 반 퀴즈크 교수는 필립스의 시도를 이렇게 평가한다. "필립스는 하향식top-down 접근법을 택했습니다. 경영진이 큰 그림을 먼저 그리고 '우리는 단순해져야 한다.'고 선언했죠. 또한 '센스 앤드 심플리시티'라는 슬로건을 내걸어 고객들에게 회사의 가치와 현재의 모습을 적극적으로 알림으로써 고객이라는 외부의 힘까지 끌어오는 전략을 활용했습니다."

> 일의 절차를 그 일보다 어렵게 만들지 마라.
> 잭 웰치Jack Welch(GE 전 최고경영자)

지금까지 단순함이란 공감하고 정제하고 명료해지려고 지속적으로 노력할 때 가능하다고 얘기했다. 그런데 프로젝트를 추진할 때 처음부터 다시 시작해야 한다면 결과는 매번 달라질 것이다. 따라서 진짜 과제는 조직 전체가 일관된 태도로 단순함의 원칙을 추구하도록 만드는 것이다. 이것은 더 높은 차원에서 단순함을 추구하는 일이다. 바로 그럴 때 기업과 기업의 문화는 모든 활동과 프로세스와 의사결정을 단순함의 눈으로 바라보려는 분위기로 가득해진다.

이런 변화는 어떻게 시작되는가? 아니, 어디서부터 시작해야 하는가? 우리의 대답은 '꼭대기에서부터'다. 성공적으로 단순해진 기업들은 거의 대부분 강력한 영향력을 가진 고위급 임원들이 변화를 이끌었다. 간단히 말해서 윗사람이 단순함에 대한 확신을 갖고 밀어붙일 때 직원들도 관료주의 뒤에 숨거나 전문용어를 남용할 수 없게 된다. 반대로 윗사람이 단순한 것을 요구하지 않으면 직원들은 복잡함이라는 더 편한 길을 택할 것이다.

복잡함은 어떻게 CEO를 방해하는가

경영진이 먼저 나서야 한다고 말하는 것은 쉽다. 하지만 많은 경영자가 문제점을 인식하고 있으면서도 복잡한 것들을 어디서부터 손대야 할지 모르고 있다. IBM은 1,500명이 넘는 CEO를 면밀히 조사한 뒤 대부분 조직이 점점 더 복잡해지고 있는 현상을 가장 시급히 해결해야 할 문제로 여긴다는 사실을 깨달았다. 일종의 '현실과 이상의 격차'도 존재했다. CEO 10명 중 8명은 비즈니스 환경이 점점 복잡해질 것이라 대답했지만 그들 중 해법을 아는 사람은 절반도 되지 않았다.[2]

하루빨리 해법을 찾아야 한다. 워릭 경영대학원 Warwick Business School 에서 실시한 또 다른 연구에 따르면 복잡한 기업일수록 피해가 심각한 것으로 드러났다. 전 세계 200개 대기업을 조사한 그 연구는 기업들이 지나치게 복잡한 사업구조, 쓸데없이 많은 제품군, 늘어난 의사결정 절차 때문에 평균적으로 연간수익의 10퍼센트인 10억 달러 이상의 돈을 내버리고 있다고 밝혔다(가장 복잡한 조직은 무려 16단계의 의사결정 구조를 갖고 있었다).

성장을 꾀하고 인수합병이나 사업다각화를 시도하다 보면 조직은 자연스럽게 복잡해진다. 워릭 경영대학원의 사이먼 콜린슨Simon Collinson은 "회사가 너무 많은 목표를 추진하거나 실속 없이 여기저기 기웃거릴 때" 종종 복잡함의 먹잇감이 돼버린다고 지적했다. 그는 덧붙여 이런 조직에 있는 사람들은 "자신의 존재 이유를 얻기 위해 아예 모든 것을 복잡하게 만든다."고 설명했다.³

> 애플은 하드웨어를 담당하는 조직이 하나뿐입니다. 소프트웨어를 담당하는 조직도 하나죠. 다른 큰 회사처럼 여러 사업부가 따로따로 제품을 뽑아내지 않습니다. 그런 면에서 우린 조금 꽉 막혀 있습니다.⁵
> 팀 쿡 Tim Cook (애플 CEO)

애플은 정반대로 날카로운 집중력을 잃지 않았고 쓸데없이 많은 제품을 내놓지 않았다. 언젠가 스티브 잡스는 애플의 성공에 대해 "방향을 잃지 않고 쓸데없는 일에 매달리지 않으려고 수없이 많은 일을 거부했기 때문이다."라고 얘기했다. 그는 이런 말도 했다. "우리는 늘 새로운 시장을 생각한다. 하지만 진짜 중요한 일에 집중하려면 다른 일은 오직 안 된다고 말하는 수밖에 없다."

잡스는 알고 있었다. 어떤 회사든 한곳에 집중하지 않으면 산만해지고 혼란스러워지며, 역량이 떨어져 조직이 마비될 수 있다. 또한 중요한 일이 무엇인지 모르고 관료주의에 발이 묶이며 시장과의 교감도 끊어진다. 심지어 자신들의 제품과 목표마저 소홀히 여긴다.

경영자는 어떻게 회사가 복잡해지는 것을 막을 수 있을까? IBM의 보고서는 '창조적 리더십'을 해답으로 제시한다. 즉 고객의 요구에 집중해 고객과의 관계를 새롭게 다지고, 조직구조와 프로세스를 단순한 것으로 바꾸겠다고 과감하게 공언하는 것이다. 보고서는 아래와 같이 구체적으로 설명한다.

성공한 기업은 고객과 함께 제품과 서비스를 설계하며 핵심 프로세스에 고객을 끌어들인다. 그런 기업들은 고객과 가깝게 호흡할 수 있는 새로운 소통방식을 적극적으로 채택한다. 또한 수집한 자료에서 얻은 통찰력을 바탕으로 고객과의 관계형성을 첫 번째 임무로 설정한다.

뛰어난 경영자는 자기 조직과 고객 그리고 다른 기업을 위해 복잡한 것을 단순하게 만든다. 이들은 제품과 서비스를 단순하게 만들고, 업무를 개선하고 자원을 끌어오고 해외시장에 뛰어들기 위해 자신의 능력을 향상시킨다. 이들은 새로운 사업을 시도할 때 다른 CEO보다 더 큰 성과를 기대한다.

기업의 복잡성을 줄이는 과정은 몇 가지 구체적인 단계로 나눠볼 수 있지만 최고경영자가 가장 먼저 해야 할 일은 모든 과정을 일단 자신이 전적으로 책임지는 것이다. 너무나 많은 경영자가 이 문제를 아예 외면했거나 그저 중간관리자에게 맡겨버렸다.

2003년과 2008년에 엄청나게 많은 기업이 구조조정을 진행하면서 중간관리자층의 권한이 확대되었고 기업들이 이렇게 복잡해진 한 가지 원인을 제공했다. 그 당시 많은 중간관리자가 전략을 수립하고 업무를 조율하는 일뿐만 아니라 회사의 목표까지 결정하는 책임을 갑작스레 부여받았다. 하지만 리더십을 스스로 쟁취한 것이 아니라 잠시 맡게 된 그들이 현재의 상황을 뒤흔들 정도로 단호함을 보여주기란 극히 어려운 일이다.

대신 그들은 점진적인 변화에 눈길을 돌려, 고치고 늘리거나 상황을 더욱 복잡하게 만드는 그밖의 모든 실수들을 저지른다. 예를 들면 자신의 자리를 지켜야 하는 브랜드 매니저가 있다. 그들은 일단 제품이나 서비스가 출시되면 시장점유율을 높여야 한다는 압박감에 시달린다. 결국 혁신을 외면하고 슬쩍 기능을 덧붙이거나 시장을 세분하거나 오래된 것을 포장이나 판매조건만 바꾸려고 시도한다.

경영진과 관리자를 비교하면 직급이 낮을수록 혁신에 대한 저항도 큰 것으로 나타났다. 중간관리자들은 대화를 할 때 '그 일을 할 수 없는 이유'에 더 초점을 두는 경향이 있다.

그래서 조직의 꼭대기에 있는 사람들이 반드시 "우리는 할 수 있습니다. 아니 꼭 해야만 합니다."라고 확실하게 선언해야 한다. 그리고 가장 좋은 출발점은 회사의 목표와 경영원리를 단순명료하게 바꾸는 작업이다.

목표는 간략하고 단순하게 줄여라

시간이 흐르면 기업의 목표는 모호해지고 복잡해질 수 있다. 그래서 많은 기업들이 목표나 강령을 정할 때 최대한 간략하게 줄이는 일부터 시작한다.

제트블루 항공

제트블루 JetBlue는 최근 23개 항목으로 늘어난 회사의 경영방침을 재검토했다. CEO 데이비드 바거 David Barger는 「뉴욕타임스」와의 인터뷰에서 이렇게 밝혔다. "우리는 23개를 14개로 그리고 다시 10개로 줄였습니다. 마지막엔 결국 문화와 서비스라는 단 두 가지만 남았죠 (커뮤니케이션에서 우선 그 두 가지 개념에 집중하되 필요하다면 각각의 개념을 깊게 파고들어가자는 것이 기본 취지라고 설명했다)." 그는 목표를 단순하게 설정하는 것이 중요하다고 지적하며 "현장에서 일하는 사람들이 회사의 목표를 이해하지 못한다면 그 목표는 잊어버리세요. 성공할 가능성이 거의 없으니까요."라고 얘기했다.[6]

옥소

CEO 알렉스 리Alex Lee는 단순하고 편리한 디자인으로 생활용품 시장을 석권한 이 회사의 기업목표를 단 한 줄로 압축했다. "집안에서 일어나는 모든 문제를 해결합니다." 이 메시지처럼 회사의 모든 활동이 단순함을 추구한다. 감자껍질을 벗기는 일이나 통조림을 따는 일처럼 일상의 사소한 불편함을 발견하고, 보기도 좋고 손에도 딱 맞는 편리한 용품을 제작해 그 불편함을 해소하려고 노력한다. 옥소OXO는 복잡하거나 신기하게 생긴 물건을 만들지 않는다. CEO 알렉스 리는 이렇게 말한다. "주전자는 어디까지나 주전자처럼 보여야죠. 네모난 상자로 만들어놓고 궁금증을 일으켜선 안 됩니다."[7]

구글

'사용자에게 집중하면 나머지는 저절로 해결된다'는 구글의 경영원리는 회사가 수많은 경쟁사와 달리 단순함을 유지할 수 있었던 밑거름이었다. 심지어 구글은 비즈니스를 계속 확장하고 새로운 서비스를 도입하면서도 여전히 고객과 좋은 관계를 만들고 있다. 게다가 구글Google은 시겔+게일에서 집계한 '2011 글로벌 브랜드 단순화 지수'에서 일등을 차지하기도 했다.

기업목표를 디자인하는 일은 시작일 뿐이다. 단순해지기로 마음먹었다면 모든 커뮤니케이션과 프로세스에서 가장 높은 수준의 명료함을 추구해야 한다. 회사 안에서의 커뮤니케이션도 중요한 것이다. 직원들은 브랜드의 가장 열렬한 지지자가 될 수 있지만 회사의 목표를 이해하고 신뢰할 때만 가능한 일이다. 하지만 경영진의 메시지는 난해하거나 모호할 때가 너무 많다. 회사 안에서의 커뮤니케이션 방식이 명료하지도 않고 진실하지도 않으면 밖에서의 커뮤니케이션도 영향을 받는다. 늘 변함없는 목소리를 내는 것이 중요하다.

내부 커뮤니케이션을 어떻게 활용하고 관리해야 구성원 모두가 회사의 목표에 한마음으로 뛰어들 수 있는 기업문화가 탄생하는지 클리블랜드 클리닉을 보면 쉽게 알 수 있다. 병원의 모토인 '환자가 먼저다'는 자신의 발표 자료에 꼭 환자의 경험담을 집어넣었던 토비 코스그로브Toby Cosgrove 원장이 평소 입버릇처럼 자주 내뱉던 말이었다. 병원의 모든 이들은 업무와 직급에 상관없이 '케어기버'라는 호칭으로 불린다. 호칭만 간단히 바꿨을 뿐이지만 병원은 모든 직원에게 병원이 무엇을 기대하는지 알려주는 강한 신호를 보낼 수 있었다.

또한 재치 넘치는 연상법을 이용해 직원들 모두가 조직의 목표를 확실히 기억할 수 있도록 돕는다. 예를 들면 늘 환자를 대할 때 '마음HEART'을 담으라고 강조한다. 즉 환자의 말을 경청하고Hear, 공감을

> 사람이 두 얼굴을 가지고 살면 어느 얼굴이 진짜인지 헷갈릴 수밖에 없다.
>
> 너새니얼 호손 Nathaniel Hawthorne
> (미국 소설가)

표시하고Empathize, 기꺼이 사과하고Apologize, 말이 아니라 행동으로 대답하고Respond 마지막으로 문제를 바로잡을 수 있도록 기회를 준 환자들에게 감사하라Thank는 것이다.

클리블랜드 클리닉의 경영진은 말로는 한계가 있다는 것을 알았다. 바람직한 행동을 당연하게 받아들이는 분위기를 조성하려면 일단 그 행동에 가치와 보상이 뒤따른다는 믿음을 확실하게 심어줘야 한다. 그래서 이 병원은 환자와 직원 사이의 활동을 기록만 하는 것이 아니라 직원별 성과와 환자들의 만족도를 모두가 볼 수 있도록 공개한다. 병원을 방문했을 때 그곳에서 일하는 직원들은 확실히 자신이 달성한 만족도 점수에 자부심을 느끼고 있었다. 환자의 만족이라는 첫 번째 목표를 놓치지 않고 건전한 경쟁문화를 창조했다는 점에서 데이터 활용법의 매력적인 사례로 꼽을 수 있다.

세계적 글로벌 컨설팅 기업인 액센추어Accenture의 윌리엄 D. 그린William D. Green 회장은 언젠가 3일 동안 자기 회사의 연수 프로그램에 참여했을 때 느꼈던 경험을 이렇게 털어놓았다. "숫자를 세어보니 회사가 직원들에게 성공하려면 68가지를 해야 한다고 말하더군요." 그리고 교육이 끝나갈 무렵 깨달았다고 한다. "사람들이 그것을 전부 기억하기란 불가능합니다." 그래서 앞으로는 교육에서 경쟁력, 자부심, 배려라는 세 가지 덕목에만 집중하기로 결정했다. 그는 이렇게 덧붙였다.

"액센추어는 엄청나게 크고 복잡한 글로벌 기업입니다. 그 안에 있는 젊은 직원들은 자신이 어느 길로 가야 할지 모를 수 있습니다. 그들이 뭔가 분명한 것을 요구할 때 저는 이 세 가지를 얘기합니다."[8]

직원 안내서(회사의 경영원칙 등을 직원들에게 설명하는 안내책자-옮긴이) 중 지금까지 가장 복잡한 안내서를 만든 기업은 어디일까?「파이낸셜타임스」의 루시 켈러웨이에 따르면 첫 번째 후보는 '직원들이 날마다 지켜야 할 123가지 원칙이 담겨 있는' JP모건 JPMorgan Chase의 안내서다. 식품회사 캐드베리 슈웹스 Cadbury Schweppes도 유력한 후보다. 켈러웨이에 따르면 그 안내서에는 관리자들이 '늘 명심해야 할' 144가지 원칙이 들어 있다.[9]

기업 내부의 커뮤니케이션이 단순해야 한다는 원칙은 파워포인트 발표에서 짧은 메모나 서류까지 모든 업무에 적용되어야 한다. 스위스 금융그룹 취리히 파이낸셜 서비스 Zurich Financial Services의 제임스 J. 시로 James J. Schiro는 '슬라이드 세 장, 키포인트 세 가지' 원칙을 지키라고 조언한다.[10] 간결한 문서를 만들고 싶다면 처음부터 원칙과 목표에 집중하는 것이 좋다. 그리고 그 문서 또는 어떤 커뮤니케이션 자료도 해당부서의 관리자나 변호사에게 하염없이 맡겨놓지 마라. 그 분야의 전문가라는 사람이 여러 번 수정하게 되면 단순명료했던 초안도 쉽게 엉망으로 변할 수 있다.

오랫동안 우리와 함께 일한 티아 레지오 Thia Reggio도 이렇게 얘기한다. "세 차례 수정작업이 이뤄졌다면 당신에게 돌아오는 것은 그저 처음 보는 복잡한 문서일 겁니다." 그렇다면 간단한 해결책이 있다. 수정은 두 번만 해라.

**장벽은
복잡함을 키운다**

기업과 그 기업의 문화를 단순하게 만드는 일은 커뮤니케이션의 영역을 뛰어넘는 작업이다. 불필요한 과정을 줄이고 조직 간의 벽도 허물려면 기업 전체를 송두리째 바꿔야 한다. 이때 한 가지 심각한 문제는 회사 안의 조직이 종종 수직적 장벽으로 나뉘어 있다는 것이다.

각각의 영역이 독자적으로 규칙, 목표, 활동을 정하기 때문에 이 구조는 기업을 더욱 복잡하게 만든다. 그런 분위기에서 고객에게 총체적 만족을 선사한다는 더 크고 중요한 목표는 자기 분야만 알고 종종 서로 다투는 내부 조직들 사이에서 산산이 흩어지고 만다.

클리블랜드 클리닉이 환자 제일주의를 경영원칙으로 삼기로 결정했을 때 경영진은 병원의 조직구조에 대해서도 면밀히 검토했다. 특히 의사 중심으로 돌아가는 병원의 오래된 계층구조에 주목했다. 의사의 눈에는 기존의 조직이 합당했을지 몰라도 환자의 눈에는 아니었다. 그래서 2008년 클리블랜드 클리닉은 치료과정이 매끄럽게 진행될 수 있도록 '경쟁' 부서였던 진료부와 약제부를 통합해 동일한 관리체제 아래 두는 것을 포함해 전체 병원조직을 총 23개의 환자 중심 조직으로 탈바꿈시켰다. 환자가 어떤 병에 걸렸을 때 치료에 필요한 모든 조치(의료장비나 치료사 등)를 한곳에서 받을 수 있게 된 것이다. 이 조직구조는 환자경험을 더 단순하고 통합적으로 만들었다.

기업구조 내부의 경계선이 뚜렷하고 유연성도 부족하면 여러 가지 원인으로 단순한 고객경험을 만들기 어려워진다. 앞에서 언급한 IBM

의 보고서는 "고객을 이해하려는 시도가 조직 사이에 존재하는 높은 벽에 막혀 길을 잃어버린다."고 지적한다. 가령 어떤 부서가 고객과 그들의 요구에 대해 중요한 사실을 발견했더라도 다른 부서와 공유할 필요를 느끼지 못하는 것이다. 특히 고객경험 전체를 감독하는 책임자가 없을 때 더욱 그렇다. 리더십의 중요성을 다시 한 번 일깨워주는 부분이다. 기업을 단순하게 만드는 작업은 이처럼 조직 사이의 장벽을 뛰어넘어 회사의 모든 역량을 하나의 목표에 집중시킬 수 있는 권한을 가진 사람에 의해 추진되어야 한다.

단순한 캠코더 플립Flip(4장 101~105쪽 참조)을 제작한 스마트디자인의 리처드 화이트홀은 이런 역할이 제품 디자인에서 특히 중요한 문제라고 얘기한다. 회사는 종종 한 부서에 한 가지 작업을 맡긴다. 따라서 직원들은 각자의 공간에서 오직 자신의 역할과 성과에만 매달린다. 그는 이 방식이 고객경험을 중시하는 지금의 환경에서 더 이상 효과를 발휘할 수 없다고 지적한다. 회사는 제품을 여러 부분으로 나눌 수 있지만 고객경험은 유기적으로 통합되어야 하는 것이다. 그래서 화이트홀은 이렇게 조언한다. "고객경험을 디자인할 때 각자 역할을 맡고 있는 사람들을 전부 불러 모아야 합니다. 그래야만 고객이 제품이나 서비스를 이용할 때 느끼는 경험을 다함께 고민해볼 수 있죠. 이것은 회사가 '단 하나의 두뇌'로 생각하게 만드는 일입니다."

디자인과 제품개발에 이렇게 종합적으로 접근하면 단순하게 만들겠다는 목적의식을 처음부터 강력하게 확립할 수 있다. 마치 예방접종을 받는 일과 비슷하다. 고객의 요구를 다룰 때 일찍부터 모든 요소를 감안했다면 후반작업에 거의 손이 가지 않을 것이다.

회사 안의 장벽을 제거해야 한다면 회사와 바깥세상을 가로막는 장벽도 당연히 없애야 한다. 우리는 기업이 단순해지기 위해서는 공감이 중요하다고 얘기했다. 그러나 고객과 공감하려면 그 기업의 문화가 고객에게서 배우고 그들의 말을 귀담아 듣고 그들과 직접 호흡하려는 분위기로 가득해야 한다. 그러나 많은 기업(특히 경영진)이 애초에 이런 태도로 고객과 만날 생각을 하지 않는다.

클리블랜드 클리닉의 변화 역시 병원이 환자와 더욱 가까워질수록, 다시 말해 피상적 관계에 머무는 게 아니라 환자의 진짜 문제와 요구를 병원이 해결하려 노력할 때 그들을 더욱 더 만족시킬 수 있다는 발상에서 출발했다. 병원이 이 사실을 처음으로 알게 된 것은 간호사들의 회진 간격을 짧게 줄였을 때였다. 간호사와 환자가 대면할 기회가 많아질수록 양쪽 다 더 큰 만족을 얻는 것으로 드러났다. 이 정책이 효과를 거두자 경영진도 '회진'을 돌기로 결정했다. CEO와 다른 최고임원들이 부서를 돌아다니며 직원과 환자를 직접 만나기 시작한 것이다.

단순함은 회사 안팎으로 자유로운 커뮤니케이션이 가능한 개방적인 기업문화에서 더욱 활짝 꽃피는 듯하다. 생활용품 기업인 옥소의 경우 뉴욕에 있는 본사를 방문해보면 이 회사의 자유로운 기업문화를 확실히 느낄 수 있다. 모든 직원이 널찍하고 확 트인 공간에서 일하고 부서와 부서 사이에 분명한 경계선도 없다. 다양한 색깔을 가진 팀들이 프로젝트 중심으로 나눠져 있지만 전체적인 윤곽을 그리거나 시제품을 제작할 때는 모두가 함께 참여한다. 그리고 누구든지 아이디어를 갖고 있다면 어떤 프로젝트든 참여할 수 있다. 옥소의 커뮤니케이션은 직접적이고 단순하며 형식을 따지지 않는다. 회사의 CEO 알렉스 리는 얘기한다. "같은 사무실에 있는데도 서로 이메일을 보내는 회사가 너무 많습니다."[11]

옥소의 직원 대부분은 신제품을 제작할 때 같은 종류의 제품을 직접 사용해본 뒤 고객이 실제로 어떤 경험을 하는지 파악한다. 최근 이 회사는 아이를 둔 많은 직원들 덕분에 단순하고 실용적인 유아용품 제작에 더 관심을 기울이게 되었다. 아이가 크면 물건이 곧 쓸모가 없어진다는 점에 착안해 옥소는 아이가 자라도 쓸 수 있는 유아용 의자 등을 제작하기 시작한 것이다.

그러나 옥소는 자신들이 갖고 있는 지식에만 의존하지 않는다. 그들은 외부에 있는 발명가와 디자이너들의 아이디어를 특별한 방식으로 수용한다. 그리고 옥소에 새로운 아이디어를 제공했다면 굳이 법률서류를 준비하느라 허둥댈 필요가 없다. 이 회사는 외부인과의 계약과 업무절차를 단순하게 만드는 데 엄청난 노력을 기울이고 있다.

예를 들면 더 편리해진 계량컵은 회사 밖에서 얻은 아이디어였다(그림 6-1). 더 편리하다니? 계량컵은 처음부터 단순한 물건이 아니었던가? 하지만 회사는 이 아이디어에 주목했고 철저하기로 유명한 그들만의 소비자 마인드 조사를 실시했다. 회사는 디자이너 몇 명을 일반 가정집으로 보내 사람들이 부엌에서 계량컵을 어떤 식으로 사용하는지 직접 관찰하게 했다. 디자이너들은 거기서 흥미로운 사실을 발견했다. 계량컵의 옆면에 눈금이 표시돼 있어 사람들은 눈금을 읽을 때마다 허리를 굽혀야 했다.

아무도 얘기한 적이 없는 불편함이었고, 선별한 소비자를 인터뷰

그림 6-1 옥소의 계량컵은 사람들이 위에서 편하게 눈금을 읽도록 하자는 아이디어에서 출발했다.

하는 기법으로도 결코 드러나지 않았을 문제였다. 오직 부엌으로 직접 가서 사람들을 주의 깊게 관찰했기 때문에 사람들이 위에서 눈금을 읽을 수 있는 계량컵을 원한다는 사실을 발견한 것이다. 옥소의 계량컵은 출시한 첫해에 200만 개가 팔렸고 50퍼센트의 시장점유율을 차지했다.

**복잡함에 익숙해질 때
순수함의 가치를 기억하라**

    옥소의 사례가 주는 교훈은 회사의 디자이너들이 주방용품 전문가일지라도 회사 바깥에 있는 사람에게서도 배울 점이 얼마든지 있다는 것이다. 따라서 '순수함(또는 순진함)을 존중하라'는 말은 단순해지려면 명심해야 할 중요한 원칙이다.

그 이유는 다음과 같다. 자기 분야에 익숙해지면 눈과 귀가 어두워지고 슬그머니 끼어드는 복잡함과 전문용어에 둔감해진다. 그럴 때 외부에 있는 사람이나 비전문가들은 신선한 자극을 줄 수 있다. 무엇보다 고객의 입장에 더 가까운 관점으로 사물을 바라볼 수 있다.

필립스가 단순함을 추구하기 시작했을 때 그들은 우선 외부에서 영감을 얻는 일이 중요하다고 생각했다. 그래서 서로 다른 분야에서 활동하는 다섯 명의 인물을 선발해 '단순함 자문위원회Simplicity Advisory Board'를 만들었다. 유럽에서 활동 중인 패션디자이너, 아시아의 건축가, 미국에서 온 방사선 전문의, MIT 교수, 자동차 디자이너로 이뤄진 이 위원회는 필립스가 기업 전략과 제품을 검토할 때 새로운 시각으로 의미 있는 조언과 기준을 제시해주었다.

우리가 존경하는 기업으로 소프트웨어 회사 인튜이트Intuit도 있다. 인튜이트의 대표적 소프트웨어인 퀵큰Quicken(개인용 재무관리 프로그램)이 창업자가 전표를 출력하느라 끙끙대는 아내의 모습에 착안해 만든 제품이라는 사실은 유명하다. 이 회사의 모토는 전문가에게 맡기던 비즈니스 작업을 일반인도 직접 할 수 있게 해주는 프로그램을 만드는 것이다. 인튜이트는 고객의 업무를 단순하게 만드는 데 집중해 소프트웨어 퀵큰과 터보택스TurboTax(세금관리 프로그램)로 시장을 석권할 수 있었다.

다른 많은 기업처럼 제품 디자인에서 단순함을 추구하자 커다란 파급효과가 나타났다. 필립스와 마찬가지로 인튜이트 역시 기간이 짧고 단순한 직원채용제도를 운영하고 있으며 고객충성도를 평가하는 기준도 순수 추천고객 지수Net Promoter Score(해당 상품이나 서비스를 추천할 의향이 있는지 묻는 '추천의향'이라는 단 하나의 질문으로 고객충성도를 측정한다.-옮긴이)를 채택했다. 단 하나의 질문으로 객관적 성과를 평가하는 이 기법은 분명히 단순함을 추구하는 기업들에게 꽤 매력적으로 보일 것이다.

인튜이트는 회사의 문턱을 낮추고 소비자의 요구에 더욱 가까이 다가가기 위해 여러 가지 정책을 도입하고 있다.

- 기업 방문과 연구실험
  매년 2,500명의 고객이 인튜이트의 연구소를 방문하고 회사 역시 다양한 분야에서 일하고 있는 1,500명의 고객을 찾아간다.
- 고객위원회
  제품개발팀은 필요한 경우 고객위원회를 꾸린다. 위원회에 참여한 고객은 보통 1년 동안 활동한다.
- 고객 서비스 관리
  인튜이트의 임원들은 고객으로 가장해 콜센터에 전화를 걸어 직접 서비스를 점검하기도 한다.

인튜이트는 비전문가인 외부인의 순수한 시각을 늘 중요하게 생각한다. 직원들은 아직도 20년 전 소도시 출신의 순진한 여성들로 구성됐던 회사 최초의 초보이용자 그룹에 대해 이야기한다. 지금은 회사가 어떤 소비자모임에 대해서도 특별히 순진하다고 표현하지는 않겠지만 제품을 평가할 때 비전문가의 힘을 빌리려는 이들의 방침은 여전히 살아 있다. 인튜이트는 투자전문 온라인 매체인 「머틀리 풀Motely Fool」의 편집자를 고용해 터보텍스 프로그램의 사용자 언어를 특별하게 디자인했다. 그 결과 이용자들은 프로그램을 쓰면서 어려운 세법을 다루는 것이 아니라 사람과 대화를 나누고 있다는 느낌을 받는다.

새로운 시각을 얻기 위해 꼭 회사 밖으로 나갈 필요는 없다. 프로젝트와 관계없는 다른 부서의 생각을 들어보기만 해도 종종 새로운 시각을 얻을 수 있다. 특히 법무 팀이라면 부서의 경계를 벗어나려는 노력이 훨씬 더 중요하다. 법무 팀이 회사 안에서 독단적으로 결정을 내리고 있다면 사실상 조직이 단순해지는 것은 불가능하기 때문이다. 따라서 회사는 단순함을 추구할 때 적절한 인물에게 힘을 실어줘야 한다. 회사를 그저 복잡하게 만드는 인물이라면 오히려 권한을 박탈해야 한다. 그런 대표적인 사람들 중 하나가 회사의 변호사들이다.

기업에 변호사가 필요한 것은 분명하다. 하지만 변호사가 생각하는 것만큼 꼭 필요한 것은 아니다. 많은 경영자들이 리스크를 두려워하고 소송을 가장 큰 리스크라고 생각하기 때문에 변호사에게 모든 부서를 통솔할 수 있는 권한을 준다. 법무 팀이 최종결정권을 가진다는 뜻이다. 문제는 대부분의 변호사가 단순한 것을 극도로 싫어한다는 점이다.

예를 들면 변호사들은 종종 단순한 언어가 정확하지 않다고 주장한다. 법률과 판결문이 약관에 들어 있는 용어에 대해 이미 정확한 의미를 부여했으므로 법정에서 통한다는 것이다. 그런데 까다로운 용어가 '법정에서 통한다'는 그들의 믿음은 점점 설 자리를 잃고 있다. 많은 판사가 합리적 기대reasonable expectation 원칙(약관에 없거나 반하는 내용일지라도 약관의 가입자가 기대할 만한 충분한 근거가 존재했다고 판단될 경우 가입자의 손을 들어주는 원칙-옮긴이)을 판결에 적용하고 있기 때문이다. 쉽게 말해서 기업이 고객을 속여 돈을 뜯어냈다면 어떤 말로도 빠져나갈 수 없게 되었다.

단순해진 기업들은 법무 팀의 권한을 조절하는 방법을 알고 있다. 2장에서 언급했던 보험사 처브가 극도로 단순해진 보험 약관을 제작해 시장에서 커다란 성공을 거둘 수 있었던 비결 중 하나는 약관의 초안을 작성할 때 변호사에게 맡기지 않았다는 것이다. 변호사가 아닌 사람들이 먼저 초안을 작성하고 변호사들은 약관의 정확도와 적법성만 검토했다.

회사의 최고운영책임자인 앤드루 맥엘위 2세Andrew McElwee Jr.(그도 변호사다)도 간단명료해진 그들의 약관에 스스로 감탄하며 이렇게 얘기한다. "법률용어가 정확한 것은 확실합니다. 하지만 처브는 어느 정도 모호함을 감수할 것입니다. 저희의 사업 모델은 고객의 호주머니를 터는 것이 아니거든요."

변호사들의 기세를 꺾기 위해 꼭 그들의 감정을 건드릴 필요는 없다. ING다이렉트의 최고경영자 아카디 쿨만은 유머를 활용하는 것도 변호사들에게 그들이 얼마나 극단적인지 보여줄 수 있는 효과적인 방법이라고 생각했다. 그는 길이가 무려 300단어에 이르는 약관의 주석을 사례로 들며 은행이 고객을 속이려 한다는 인식과는 전혀 반대로 기업이 고객의 편이라는 인상을 풍자적으로 보여주었다.

뉴욕을
단순한 도시로 만들다

복잡한 조직을 얘기할 때 정부를 빼놓을 수 없다. 그리고 단순한 정부를 만드는 작업은 단순한 기업을 만들 때와 상당 부분 일치한다. 강력한 리더십이 필요하고 목표가 명료해야 하며 개방, 공감, 혁신을 지향하는 문화가 마련돼야 한다.

똑같은 일을 벌이기에는 정부의 덩치가 훨씬 크고 무거워 보이지만 그래도 희망은 있다. 세계에서 가장 큰 행정기관 중 하나인 뉴욕시의 마이클 블룸버그Michael Bloomberg 시장은 도시와 시민이 대단히 단순한 방식으로 소통할 수 있다는 것을 증명했다. 그리고 그 일의 중심에는 뉴욕시의 311 전화안내 시스템이 있었다. 뉴욕시가 운영하는 이 안내 시스템은 소화전의 누수나 도로의 파인 곳처럼 갖가지 민원, 문의사항, 심지어 소규모 재난상황까지 다루며 매년 1,500만 건의 문의전화를 처리한다.[12]

변화는 공감에서 시작되었다. 뉴욕시는 시민들이 어떤 불편을 겪고 있는지 조사했고 그들이 행정 서비스에 접근하는 것 자체가 어렵다는 사실을 깨달았다. 어느 곳으로 연락해야 할지 모를 만큼 행정기관과 전화번호 수가 너무 많았다. 사람들은 행정기관을 관료적이고 무질서하고 권위적인 조직으로 느끼고 있었다. 그래서 뉴욕시는 행정기관도 친근하고 단순명료한 조직이 될 수 있다는 사실을 보여줘야 했다.

블룸버그 시장은 1년 안에 기존의 시스템을 단순하게 바꾸겠다고 발표했다(실제로 14개월이 걸렸지만 목표에 충분히 도달한 셈이다. 야심찬

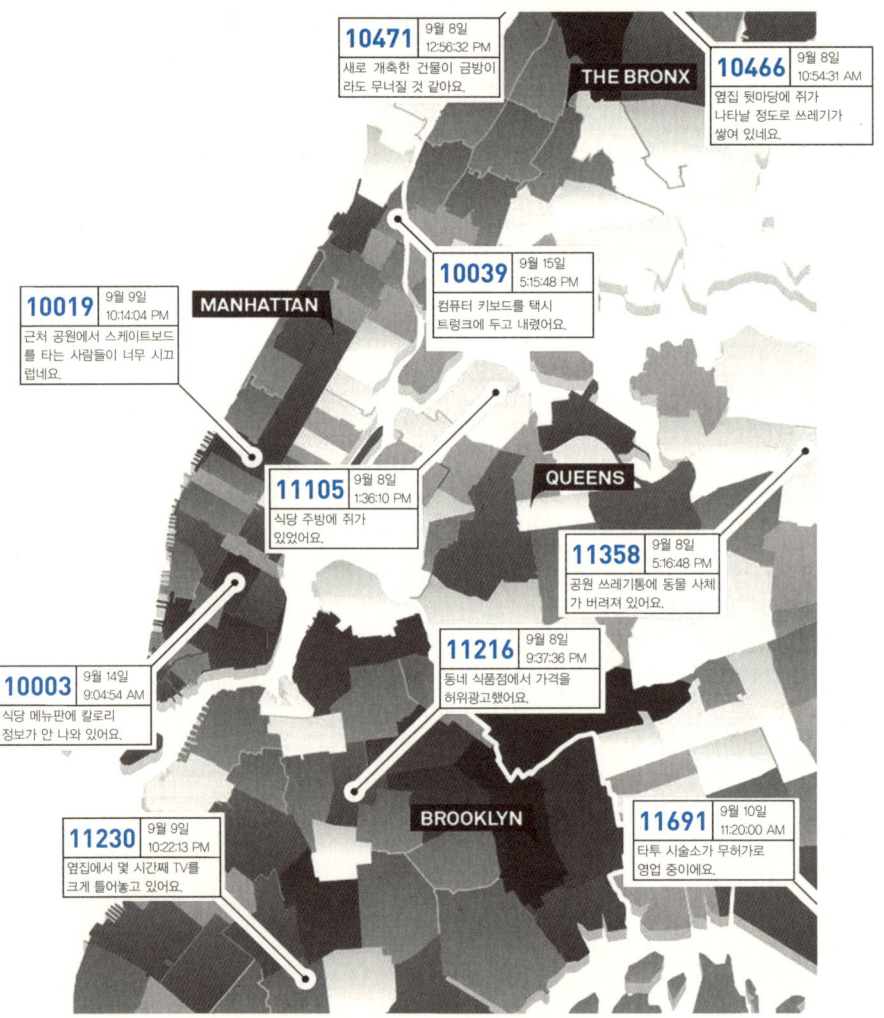

그림 6-2 뉴욕시의 311 콜센터로 걸려온 시민의 전화 내용이 시간과 함께 자세히 기록된다.

계획도 빠르게 추진될 수 있고 또 그래야만 한다는 것을 알려준다). 블룸버그 시장이 맨 앞에서 이끌었지만 기술적 문제를 해결하는 것도 중요했다. 그래서 정보통신국장 지노 멘치니Gino Menchini를 기용해 본격적으로 고객 서비스를 탈바꿈시키는 작업에 들어갔다.

멘치니와 그의 팀은 알맹이만 골라내는 작업부터 시작했다. 우선 전화번호가 수천 개나 적혀 있던 14쪽의 시청 전화번호부를 단 하나의 번호인 311로 대체했다. 그리고 콜센터 40곳을 모조리 통합해 단 2곳으로 만들었다.

311 콜센터를 방문했을 때 우리는 콜센터가 고객 서비스에 집중하고 있다는 사실을 금방 알 수 있었다. 슬픈 일이지만 정부기관에서 수준 높은 고객 서비스를 기대하는 시민은 거의 없다. 모든 직원이 볼 수 있는 장소에 전광판 하나가 놓여 있었고 그 전광판의 불빛들이 녹색, 노란색, 빨간색으로 변하며 통화대기 시간과 통화량을 알리고 있었다. 걸려온 전화를 얼마나 빠르게 처리하느냐로 종종 직원의 능력을 평가하는 기업 콜센터와 달리 이곳은 정확한 정보와 해결책을 제공한 직원들을 높게 평가한다(그림 6-2 참조).

통합 시스템이 효과를 발휘할 수 있도록 뉴욕시의 행정 부처들은 각자 자신들이 다뤄야 할 문제의 목록을 작성한 다음 표제를 붙여 키워드 검색이 가능한 방대한 데이터베이스를 만들었다(인터넷 검색엔진과 매우 비슷하다). 각 문제가 얼마나 자주 발생하는지를 기준으로 데이터베이스를 꾸준하게 업데이트함으로써 시스템의 효율성을 더욱 높이고 있다.

외부에서 걸려오는 전화를 처리하는 이른바 '시민 서비스 대표단'

은 종종 앞뒤가 맞지 않는 시민들의 말이나 불평을 듣고 중요한 실마리를 찾아내는 훈련을 받는다. 4주 동안 진행되는 '질문 분석' 훈련을 통해 상담원들은 문제를 재빨리 파악할 수 있게 된다. 그리고 '무엇을', '어디서', '누가', '다음 단계', '처리방법' 같은 항목으로 표시된 상담원들의 컴퓨터 화면 역시 사용자의 입장이 제대로 반영돼 있다.

311 서비스가 훌륭한 이유는 도시행정 시스템의 복잡한 요소들을 시민들에게 보이지 않도록 감춰놓았다는 데 있다. 대도시를 운영하는 데 필요한 기존의 시스템과 조직은 여전히 그 자리에 있지만 311 콜센터에 전화를 건 시민은 굳이 그것들과 씨름할 필요가 없다. 해결방법을 알아내는 것은 훈련받은 상담원의 역할이다. 콜센터 안에서 처리할 수 없을 때 기존의 행정 시스템으로 매끄럽게 연결시켜주는 것도 마찬가지로 상담원의 역할이다.

단순해지면 가끔씩 예상치 못한 혜택도 얻는다. 311 서비스는 도시를 분석할 수 있는 유용한 도구라는 사실이 밝혀졌다. 시민의 불만 사항이 낱낱이 기록되고 지도에 표시됨으로써 행정가들은 정확한 눈으로 뉴욕 시민들의 진짜 요구가 무엇인지 깨닫게 된다. 도시의 어느 지역이 특별히 어떤 문제에 시달리고 있는지도 알 수 있다. 가령 어느 지역에서 소음에 대한 민원이 계속 접수된다면 그 지역의 소음을 줄이는 종합적인 대책을 마련할 수 있다. 또한 이 시스템은 각 기관들이 문제를 해결하는 데 얼마나 걸렸는지 알려준다. 다양한 행정부처와 산하기관들이 제대로 업무를 수행하고 있는지 파악할 수 있는 것이다. 심지어 블룸버그 시장의 업무에 대한 피드백도 접수해 도표로 정리한 다음 시장 집무실로 전달할 정도다.

단순해져야 한다는 인식이 자연스레 생겨나자 특별한 이유 없이 복잡하기만 한 정책과 행정절차들도 눈에 들어오기 시작했다. 멘치니 정보통신국장도 이렇게 말했다. "311 프로젝트는 행정안내를 뛰어넘어 행정 자체를 바꾸는 촉매가 되었습니다." 그는 가로수가 도로 표지판을 가리고 있다는 신고전화를 대표적인 사례로 언급한다. 전에는 콜센터에 그런 전화가 걸려오면 그 업무가 공원관리부의 관할인지 교통부의 관할인지 따져야 했다. 믿기 힘들겠지만 나무의 어느 부분(가지 또는 줄기)이 표지판을 가렸느냐에 따라 관할기관이 달라졌기 때문이다. 다행히 지금은 절차를 정비해 한곳에서 관련된 모든 민원을 처리한다.

311 프로젝트가 성공한 이후 블룸버그 시장은 뉴욕시의 또 다른 복잡함과 관료주의에 맞서고 있다. 예를 들면 식당을 개업할 때 형식적인 행정절차를 거칠 필요가 없도록 제도를 개선했다. 영업허가를 비롯해 관공서를 돌아다니며 받아야 했던 여러 가지 승인들을 2년 전에 신설된 창업지원부가 대신 신속하게 처리해준다. 결과적으로 식당 개업에 걸리는 기간이 평균 72일 단축되었다. 사업가나 배고픈 손님들에게 반가운 소식이겠지만 뉴욕시 입장에서도 수백만 달러의 세금이 더 걷히는 셈이다.[13]

311 콜센터에 걸려온 전화는 지금까지 1억 건이 넘고 지금도 하루에 5만 건의 전화가 걸려온다. 하지만 시민들은 대부분 30초 안에 상담원의 진짜 목소리를 들을 수 있다. 아마도 이 정책의 가장 큰 의미는 도시의 문제와 혼란을 해결하는 데 힘을 보탤 수 있도록 시민들에게 목소리를 제공했다는 점일 것이다. 또한 수화기 너머로 늘 누군가

가 그들의 말을 들어주고 답해줄 수 있게 만들었다. 잡지 「와이어드」는 311 시스템을 이렇게 평가한다. "대도시라는 환경에서 작은 시골마을의 인간적인 분위기를 창조해냈다."[14]

뉴욕에 소도시의 느낌을 불어넣을 수 있다면 어떤 복잡한 조직도 단순하게 만들 수 있을 것이다. 하지만 몇 가지 기억할 점이 있다. 전략을 세웠다면 광범위하고 전면적인 실천이 이어져야 한다. 어느 한 부분만 손댄다거나 사소한 변화 또는 점진적인 노력에 만족한다면 추진력이 쉽게 사라질 수 있다. 성과를 평가하는 기준은 단조로워지고 집행부의 의지도 시들해질 것이다. 극히 소수의 고객만 변화를 알아차릴 것이다. 직원들 역시 신바람 나게 일할 수 없을 것이다. 극적인 효과를 일으키는 것은 중요하다. 직원들은 정말로 뭔가 변하고 있다는 느낌에 똘똘 뭉칠 수 있고 동시에 고객의 마음과 신뢰도 붙잡을 수 있다.

광범위한 영역에서 과감하게 시작했더라도 복잡한 사회를 하룻밤만에 바꿀 수는 없다. 사실 복잡한 것을 완전히 없애는 것은 불가능하다. 복잡함은 어느새 제자리로 돌아와 있기 마련이므로 최선은 그저 그것들을 고객에게서 가져와 보이지 않게 숨긴 다음 지속적으로 감시하는 것이다. 단순함을 도착해야 할 목적지가 아니라 어딘가로 향하는 여정 그 자체로 생각해야 하는 이유다.

[Chapter 7]

복잡한 세상에서
현명하게 살아남기

소셜미디어를 이용해 일상에서
어떻게 복잡한 것들과 맞설 수 있을까?

우리는 지난 30년 동안 사회를 단순하게 만들려고 노력했다. 그동안 우리의 목표에 대한 사회적 관심은 높을 때도 있었고 낮을 때도 있었다. 이 일이 중요하다고 얘기하는 사람도 많았다. 하지만 맨 앞에서 우리와 함께 이 문제에 맞설 정도로 열정과 용기를 가진 사람은 별로 없었다. 중요한 일이지만 지금 당장 해야 할 정도로 시급한 일은 아니었던 것이다.

그런데 최근 변화가 일어났다. 사람들이 처음으로 기업과 정부를 상대로 간단명료함과 투명함, 공정함을 요구하기 시작했다. 랠프 네이더 Ralph Nadar (미국의 대표적인 소비자보호 운동가-옮긴이) 같은 지도자가 필요 없을 만큼, 오직 소셜미디어와 끓어오르는 분노만으로 점점 더 많은 이들이 단순한 것을 추구하며 싸우고 있다.

> 작은 일부터 단순하게 만들 때 합리적인 생활은 시작된다.
> 엘리너 루스벨트 Eleanor Roosevelt
> (미국 대통령 프랭클린 루스벨트의 아내)

좋은 예로 2011년 은행들이 매달 5달러의 현금카드 수수료를 새롭게 도입하려고 했을 때 고객들이 저항했던 일을 들 수 있다. 워싱턴에 살고 있는 몰리 캐치폴Molly Katchpole이라는 한 여성이 그 수수료를 폐지하자는 온라인 탄원을 시작했다. 한 달 만에 3만 명이 그녀의 탄원서에 서명했다. 무시할 만한 숫자가 아니었다. 은행은 결국 수수료 정책을 발표한 지 두 달도 안 돼 그 정책을 철회했다.[1]

같은 해 가을, 캐치폴이 탄원서를 돌리기 시작한 지 얼마 되지 않았을 때 LA에서 화랑을 운영하던 크리스틴 크리스천Kristen Christian이라는 여성도 '은행 바꾸기 날Bank Transfer Day'이라는 이벤트를 계획했다. 페이스북을 비롯한 소셜미디어를 이용해 그녀는 대형은행에 따끔한 맛을 보여주자고 사람들에게 제안했다. 그 방법은 11월 첫째 주에 집단적으로 은행계좌를 취소하고 들어 있던 돈을 소규모 비영리 신용조합으로 옮기는 것이었다. 거의 10만 명에 가까운 페이스북 이용자가 즉시 그녀의 제안에 찬성했고 사람들은 한 달 동안 대형은행에서 신용조합으로 계좌를 옮기기 시작했다.[2]

두 사건 말고도 소셜미디어의 새로운 위력을 보여주는 사례는 수없이 많다. 사람들은 소셜미디어를 이용해 생각이 같은 사람들을 모아 기업의 불쾌한 의사결정과 정책, 불공정해 보이는 약관, 대중을 '기만하려는' 시도에 맞서고 있다. 오프라인 매장이 사라지면서 기업의 수명은 짧아졌을지 모르지만 지금은 클릭 한 번으로 소비자와 기업이 만날 수 있는 시대다. 과거에는 불가능했지만 지금은 소비자 공동체 속에서 소비자들이 서로의 존재를 확인하고 있다. 이제 그들은 트위터, 블로그, 페이스북을 이용해 자신이 경험한 혼란과 불쾌함 그리고 만족을 즉시 다른 소비자들에게 알릴 수 있다.

단 하나의 변화지만 이것의 영향으로 앞으로 단순해져야 한다는 요구가 그 어느 때보다 거세질 것이다. 특히 비즈니스와 행정 분야에서 그 목소리가 커질 것이다. 우리는 지금 소비자운동의 초기에는 존재하지 않았던 완전히 새로운 권력층의 출현을 지켜보고 있다. 보통 사람들의 분노에서 시작된 이 운동은 수적으로 우세할 뿐만 아니라 초기의 소비자 운동은 할 수 없었던 변화와 개혁을 실현할 저력도 분명히 갖추고 있다.

금융거래를 단순하게 만들려는 시도들

사람들의 분노는 종종 변화를 일으킨다. 단순해지라는 요구도 마찬가지다. 사람들은 이제 더 이상 참을 수 없는 것이다. 최근의 여러 조사에서도 대다수의 사람들이 현 경제위기가 사회의 복잡함 때문이라고 답했다. 당연한 일이다. 소비자들은 일부 기업이 자신들의 눈을 가리기 위해 고의적으로 혼란을 조장한다는 사실을 깨달았다. 자기 자신이 만든 복잡함에서 허우적대는 시스템과 제도를 지켜보며 사람들은 신뢰를 잃었을 뿐만 아니라 그것들이 더 이상 제대로 굴러가지 않으리라는 불안감마저 느끼고 있다.

온라인 비즈니스가 확대되면서 사회는 한층 더 복잡해지고 있다.

이용약관	쉽게 풀어 쓴 이용약관
백체크(주)(또는 '백체크' 또는 '우리')는 회사 웹사이트(www.bagcheck.com)와 모바일용 웹사이트(합쳐서 '웹사이트'), 웹사이트에 접속할 수 있는 소프트웨어('웹사이트 소프트웨어'), 아이폰이나 안드로이드폰 같은 모바일 기기용 소프트웨어('모바일 소프트웨어')를 이용할 수 있는 서비스(전부 합쳐서 '서비스')를 제공한다. 이 서비스를 통해 사용자들은 원하는 제품에 대한 의견과 사용법을 공유할 수 있다.	이 내용은 오직 여러분의 편의를 위해 마련된 것이며 법적 구속력이 있는 약관을 대신하지 않습니다. 법적 구속력이 있는 서비스 이용 조건을 알고 싶으시면 왼쪽에 있는 이용약관을 읽어보시기 바랍니다.
이 이용약관('동의서')에 기재된 조항들은 사용자가 서비스를 사용함에 있어 법적 구속력을 지닌다. 서비스를 방문하거나 접속하거나 이용할 때 사용자는 이 동의서의 내용을 수용하는 것이며, 이 동의서를 따르는 데 필요한 권리, 권한, 능력이 본인에게 있음을 인정하고 보증한다. 이 동의서의 모든 조항에 동의하지 않는다면 서비스에 접근하거나 서비스를 이용해선 안 된다.	이 서비스를 이용할 때 여러분은 이 약관의 내용에 동의합니다.

계좌

1.1 계좌개설

서비스의 일부 기능들을 이용하려면 반드시 백체크에서 계정('계정')을 개설하고 서비스이용 신청서에서 나와 있는 개인정보를 제공해야 한다. 사용자는 다음과 같은 내용을 인정하고 보증한다. (a) 제공한 모든 정보는 진실하고 정확해야 한다. (b) 제공한 정보의 정확성을 계속 유지해야 한다. 사용자는 서비스가 지시하는 내용에 따라 아무 때나 계정을 말소할 수 있다. 백체크는 8조에 의거해 사용자의 계정을 일시 정지시키거나 완전히 정지시킬 수 있다.	서비스의 일부 기능을 이용하려면 계정을 만들어야 합니다. 정확한 개인정보를 제공해야 하며 그 정확성을 계속 유지해야 합니다.

그림 7-1 백체크닷컴Backcheck.com의 온라인 약관.

예를 들면 온라인 약관에 불만을 표시하는 사람들도 늘어나고 있다. 날마다 한시도 쉬지 않고 사람들은 마우스클릭으로 자신의 권리를 포기하고 있다. 아마 여러분도 마찬가지일 것이다.

절대로 웃을 일이 아니다. 몰랐겠지만 온라인 약관이나 사실상 계약서나 다름없는 기타 온라인 문서에 무심코 클릭만 하다 보면 전혀 예상치 못한 방식으로 기업과의 관계에서 궁지에 몰릴 수 있다. 동료 린 리버트Leanne Libert도 이렇게 지적한다. "가끔씩 멀거니 모니터만 쳐다보며 동의서에 계속 클릭만 하고 있을 때가 있어요."

최근 그녀는 자신이 얼마나 많은 약관에 동의를 표시했는지 궁금해졌다. 그래서 약 90분이라는 시간을 정해놓고 그동안 자신이 얼마나 많은 온라인 약관에 서명했는지 조사해보기로 했다. 그 결과 거의 400쪽에 달하는 53개의 약관을 찾았다. "겨우 90분 동안 찾은 문서들이지만 내용을 읽고 전부 이해하려면 90일은 걸리겠죠."

약관들을 훑어본 후 그녀는 현재 은행과 보험사, 온라인쇼핑몰에 이르기까지 총 34곳의 기업과 법적인 관계를 맺고 있음을 깨달았다. "우리 시대의 가장 막강한 기업들과 제가 법적으로 묶여 있는 상태죠. 혹시라도 문제가 생기면 법은 과연 누구의 손을 들어줄까요?"

그녀의 손은 확실히 아닐 것이다. 리버트가 서명한 약관의 절반 가까이가 '사전분쟁 중재조항'을 포함한다. 해석하면 "상대방에게 법적 소송을 걸 수 있는 권리를 포기한다."란 뜻이라고 그녀는 설명한다. "자기도 모르게 권리를 포기했다는 것을 어떻게 받아들여야 할까요?"

온라인스토어 백체크닷컴Bagcheck.com처럼 조금 다르게 접근하는 기업도 있다. 이 회사는 이용약관을 기존의 법률용어가 난무하는 왼쪽과 핵심만 쉽게 풀어쓴 오른쪽으로 나눠서 설명한다(그림 7-1 참조). 일선 현장에서도 여러 가지 진전이 이뤄지고 있다. 퓨 자선기금The Pew Charitable Trusts은 비영리재단이지만 일반 은행들이 모델로 삼아도 좋을 만큼 사람들에게 단순한 서비스를 제공한다. 퓨 재단에 따르면 예금 및 수수료에 대한 핵심정보가 담겨 있는 은행 약관의 길이를 조사했더니 평균 111쪽이었다고 한다. 이에 문제가 있다고 생각한 그들은 표준약관을 새로 만들었다. 식료품의 영양정보가 표시된 라벨과 비슷해 보이는 그들의 약관은 서비스 수수료 및 이용조건에 관한 정보가 단순명료하게 실려 있다.

그림 7-2에는 퓨 재단의 이용약관 표준양식이 나와 있다.

퓨 재단은 기업과 정부에 신선한 자극을 불어넣고자 새로운 미디어를 활용해 이 양식을 널리 보급하는 데도 앞장서고 있다. 재단의 수석이사 수전 웨인스톡Susan Weinstock에 따르면 일단 약관을 박스 형태로 작성해보자는 아이디어가 나왔을 때 그들은 온라인 청원운동을 벌였다. 국민의 지지를 끌어모아 소비자금융보호국Consumer Financial Protection Bureau: CFPB이 자신들의 새로운 약관을 표준양식으로 채택하도록 유도하기 위해서였다. 그들의 목표는 아직 완전히 실현되지 않았지만 한 은행(JP 모건체이스 은행)이 퓨 재단의 약관을 우선 시험 삼아 도입하겠다고 결정한 상태다.

CFPB에 대해 설명하자면, 2011년 이 기관의 탄생은 사회를 단순하게 바꾸는 운동의 전환점이 되었다. 소비자 운동가 워렌 엘리자베스Warren Elizabeth나 초대 국장 리처드 코드레이Richard Cordray처럼 민간부문에서 활동하던 인물들이 초기에 조직을 이끌면서 CFPB는 소비자

HIDDEN RISKS: THE CASE FOR SAFE AND TRANSPARENT CHECKING ACCOUNTS

자선단체 퓨 자선기금의 박스형 표준약관

계좌 개설 및 이용	계좌 개설에 필요한 최소 잔고	달러	
	월 수수료	달러	
	월 수수료 면제조건		최소금액 표시
	이자율	%	
	ATM수수료	달러	본 은행 이용시
	ATM수수료	달러	타 은행 이용시
	예금부족 수수료	달러	거래항목 별
	반송수표 수수료	달러	계좌 앞으로 발행된 수표 별
	지불정지 수수료	달러	○개월까지 지불정지를 요청하는 항목 별
	계좌종료 수수료	달러	개설일에서 ○일 안에 계좌를 취소할 경우
	기타서비스 수수료		약관 뒷면 참조
초과 인출조건 (직불카드 이용자)	옵션A (기본조건)	초과인출 서비스 미제공	초과인출 서비스를 선택하지 않은 경우 신용한도외 거래가 전부 차단됨(비용 없음)
	옵션B	초과인출 이체수수료 달러	연결계좌, 여신, 신용카드의 추가신용한도로 초과인출을 결제한 경우
	옵션C	초과인출 수수료	달러 은행이 초과인출금액을 대신 결제한 경우
		1일 최대발생건수	
		연장초과인출 수수료 달러	최초의 초과인출이 발생한 날로부터 ○일 이내에 다시 초과인출이 발생했을 때
업무처리 정책		업무처리순서 인출과 예금 처리순서	내용 요약
		예금등록 처리정책 입금한 금액을 쓸 수 있는 시기	• 텔러에게 현금을 맡긴 경우: ○영업일 • ATM에서 현금을 입금한 경우: ○영업일 • 텔러에게 수표를 맡긴 경우: X 영업일 • ATM에서 수표를 입금한 경우: X 영업일 • 직접송금: ○영업일 • 전자송금: ○영업일 • 예금등록처리가 어떤 이유로 지연될 경우 표시된 영업일 또는 그다음 영업일에 200달러가 우선 등록된다 • 비은행권 수표의 경우 처리 기간이 늘어날 수 있다 '영업일'이란 주중 공휴일이 아닌 날을 의미한다. 영업일이 끝나는 시간은 지점마다 다르지만 오후 ○시보다 이를 수 없다.
분쟁해결		분쟁해결 동의서	내용 요약

www.pewtrusts.org/safechecking

그림 7-2 퓨 자선기금의 표준약관.

ABC 은행에 오신 것을 환영합니다

신용카드 이용약관을 확인하시기 바랍니다.
고객님이 서명을 하시거나 카드를 사용하는 그 순간부터 약관의 효력이 발생합니다.

밑줄 친 낱말과 표현 들의 의미는 모두 소비자금융보호국(CFBB)의 신용카드 표준약관에서 규정한 정의를 따릅니다.

용어에 대한 자세한 정의는 www.cfpb.org 또는 www.abcbank.com에 접속하시면 보실 수 있습니다. 또한 1-800-XXX-XXXX로 전화하시면 안내서를 무료로 받아보실 수 있습니다.

비용 고객님은 신용결제, 현금서비스, 잔액이전을 원하실 때 신용카드를 사용할 수 있습니다. 각 서비스에 부과되는 비용의 잔액은 개별적으로 유지될 것입니다. 그리고 잔액마다 별도의 이자율을 적용할 것입니다.

비용은 어떤 것들이 있습니까?

[기간 내] 신용결제 이자율	X% APR → [연체] 신용결제 이자율		X% APR
잔액이전 이자율	X% APR + 잔액이전 수수료 (건당)		X%
현금서비스 이자율	X% APR + 현금서비스 수수료 (건당)		X%
위약금에 대한 이자율	X% APR	연체 수수료	X달러/Y달러
잔액부족 수수료	X달러	선불카드 수수료	X달러
카드재발급 수수료	X달러	해외거래 수수료	X달러

특별한 경우를 제외하고 APR은 변할 수 있습니다. APR은 표준우대금리보다 높을 수도 낮을 수도 있습니다. 청구 기간이 시작되는 [날짜]부터 청구기간이 끝나기 X영업일 이전에 발표된 표준우대금리를 기준으로 APR이 적용됩니다. APR은 표준우대금리에 [연체]신용결제 X%p, 잔액이전 X%p, 현금서비스 X%p, 위약금에 대한 이자율 X%p를 더해 산출합니다.

대금납부 방법과 시기를 알려주세요.

등록하신 주소로 명세서를 보내드립니다. 이자와 수수료를 포함해 명세서에 표시된 공인된 비용들을 전부 납부하시는 데 동의하셔야 합니다. 신용한도외 거래에 대해 저희가 제시한 비용도 납부하시는 데 동의하셔야 합니다. 명세서에 표시된 기한 내 적어도 최소기준액 이상을 반드시 납부하셔야 합니다. 최소기준액의 산정방식은 별도로 설명드릴 것입니다.

저희는 납부하신 최소기준액을 어느 계좌에 적용할지 결정합니다. APR이 가장 높은 계좌부터 적용합니다.

제한 규정 없이 기타 모든 표준지불규정에 따라 대금납부는 반드시 미국 달러화로 이뤄져야 합니다. 우편환을 이용하실 경우 꼭 지정된 주소로 보내주시기 바랍니다.

대금을 늦게 납부하면 어떻게 되나요?

기한 내 최소기준액을 납부하지 않으셨다면 연체 수수료(X달러)가 부과될 것입니다.

또한 대금이 연체될 경우 고객님은 채무 불이행 상태가 되어 이자율이 올라가게 됩니다.

6개월 동안 2번 이상 납부가 지연될 경우 연체 수수료가 Y달러로 인상될 것입니다. 이후 6개월 동안 납부기한을 준수하시면 연체 수수료는 X달러로 다시 조정됩니다.

특별 상품

이자는 어떻게 계산하나요?

이자는 일일잔액 복리계산법을 적용해 계산합니다. 이자를 날마다 복리로 계산해 청구한다는 뜻입니다.

신용결제 서비스에 대해 고객님께서 기한 내 총 사용금액을 전부 납부하실 경우 이자를 청구하지 않을 것입니다. 유예기간이라고 부르는 경우입니다. 유예기간이 아니라면 결제를 한 날로부터 이자율이 청구됩니다. 총 사용금액을 납부하지 않으시면 다시 X개월 동안 연속으로 총 사용금액을 납부할 때까지 유예기간은 정지됩니다. 현금서비스와 잔액이전의 경우 [발생일]로부터 이자가 청구됩니다.

그림 7-3 소비자금융보호국 CFPB에서 새롭게 만든 신용카드 약관.

권리나 복잡한 약관에 대한 대책을 국가적 차원에서 논의할 수 있는 기회를 마련했다(그동안 몇 년씩 걸리던 일이었다).

CFPB는 모기지나 학자금대출, 소액대출이나 신용카드 등 모든 종류의 개인금융을 단순하게 바꾸려고 노력한다. CFPB는 핵심내용을 빠짐없이 설명하면서도 더 짧고 단순해진 약관을 지금까지 계속 제작해오고 있다. CFPB에서 만든 새롭고 단순한 신용카드 이용약관이 그림 7-3에 나와 있다.

금융거래를 단순하게 만들겠다는 이 모든 시도는 의미 있는 시작이다. 마땅히 그들의 노력에 지지와 찬사를 보내야 한다. 소비자로서 그리고 국민으로서 우리는 이렇게 우리가 가진 영향력을 강력하게 발휘해야 한다. 명료하고 투명하게 고객을 대하려고 필사적으로 노력하는 기업과 조직을 발견했을 때 소셜미디어를 이용해 그 사례를 널리 알려야 한다. 애매모호한 정보가 아니라 명확한 정보를 제공하는 기업이 혜택을 얻도록 소비습관을 바꿀 수도 있고, 기업이 고객을 포기하고 비용을 아끼면 오히려 더 손해라는 사실을 상기시켜줄 수도 있다. 또한 행정기관에 투명한 행정 서비스를 요구하고 입법기관과 규제기관에 사회를 복잡하게 만드는 이들에게 책임을 물으라고 청원서를 제출할 수도 있다.

데보라 애들러가 제약 산업에 저항했고 몰리 캐치폴이 은행과 싸움을 벌인 것처럼, 소비자로서 그리고 한 사람의 분노한 시민으로서 우리 역시 메시지를 흐리고, 복잡한 제품을 내놓고, 진짜 의도를 숨기는 기업이나 공공기관에 대해 목소리를 높일 수 있다.

**단순한 사회를
꿈꾸는 이들의 공간**

　　　　　　시민들의 자발적인 활동을 지원하고 성장시키기 위해 우리는 지난 한 해 동안 미래의 운동가들을 키워낼 수 있는 공간을 하나 마련했다. '명료함을 촉구하라Call for clarity(www.callforclarity.com)'는 슬로건 아래 단순한 사회를 꿈꾸는 이들에게 정보와 사회활동을 공유할 수 있는 공간이 될 것이다.

　우리의 목표는 사람들에게 지금 벌어지고 있는 일들을 알려서 시야를 넓히는 것이다. 예를 들면 어떤 사회문제가 등장했고 모범적인 기업이나 조직은 어디이며 자신이 할 수 있는 행동은 무엇인지 알리는 것이다. 물론 목표와 열정이 비슷한 사람들을 찾아 서로 연결시키는 것도 중요하다. 사이트 callforclarity.com에는 복잡함과 싸웠던 자신의 경험을 다른 이와 공유할 수 있는 토론방이 마련돼 있다. 또한 기업이나 행정기관을 바꿀 수 있는 방법이나 소셜미디어 같은 도구의 활용법처럼 다양한 전략도 공유할 수 있다.

　우리는 사회적 관심과 대책마련이 시급한 몇 가지 문제를 먼저 선정했다. 그중 하나는 학자금대출이다. 현 상황을 유심히 지켜보지 않았다면 학자금대출 제도가 2015년쯤 제2의 서브프라임 사태로 이어질 가능성이 충분하다는 사실을 느끼지 못했을 것이다. 그 정도로 심각한 문제다.

　현재 학생들이 안고 있는 부채는 총 8,000억 달러에 이른다. 미국 국민의 신용카드빚을 전부 합친 것보다 많은 액수다.[3] 지금 이 순간에도 우리의 십대들은 앞으로 인생이 어떻게 변할지도 모른 채 수만 달러씩 빚을 내고 있다.

대책은 무엇일까? 일단 미국의 모든 대학이 단순하고 표준화된 학자금지원 안내서를 의무적으로 사용해 학부모와 학생들이 학교별 조건을 쉽게 비교할 수 있도록 해야 한다. 안내서는 학자금지원 조건을 핵심내용에 따라 적절히 분류하는 형태로 디자인해야 한다. 가령 정부보조금이나 장학금처럼 혜택이 큰 것부터 적은 것 순으로 배치하는 식이다. 또한 학생의 가족에게 모든 지원금이 금액만 다른 것이 아니라 복잡한 단서조항이 붙어 있는 경우도 있음을 확실히 알려야 한다. CFPB가 만든 학자금지원 표준양식(그림 7-4)은 학생과 학부모들에게 확실히 도움을 줄 수 있다.

> 학자금대출을 고려할 때 학생보다 그들의 부모가 훨씬 더 혼란에 빠진다. 학자금지원을 신청한 대학생의 부모들을 조사한 결과 77퍼센트가 정부보조 대출과 정부비(非)보조 대출의 차이를 알지 못했고 일부 지원 조건은 신용도 조사를 요구하지 않는다는 사실도 절반 이상 모르고 있었다.[4]

우리의 역할 중 하나는 더 많은 사람이 이런 노력을 지지하고 직접 유용한 조언을 제공하도록 돕는 것이다. 물론 단순명료한 학자금지원 안내서를 디자인하는 일도 중요하다(독자의 의견도 환영한다). 그러나 모든 정보가 한자리에 모일 수 있는 공간을 마련하는 것이 더 중요하다. 그럴 때 학생과 부모가 문제를 직접 해결할 수 있는 수단은 무엇

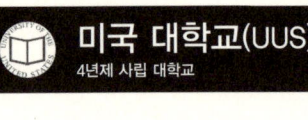

미국 대학교(UUS)
4년제 사립 대학교 (견본)

아비게일 애덤스(1학년) 학생이 부담해야 할 학비

일 년 동안 들어갈 비용

연간 학비(정규 과정)	총 29,000달러/년
수업료	21,000달러
기숙사비와 식비	5,000달러
교재비와 물품비	2,000달러
교통비와 기타 생활비	1,000달러
학비 보조금과 장학금	총 11,000달러/년
대학 보조금	5,000달러
연방정부 보조금	4,500달러
주 보조금	500달러
기타 장학금	1,000달러
1년 동안 내야 할 학비	**18,000달러/년**

학자금대출 및 근로장학제도

연방정부 학자금대출	8,000달러/년
퍼킨스 학자금대출	2,500달러
정부 보조 스태포드 학자금대출	3,000달러
정부 비보조 스태포드 학자금대출	2,500달러
연방정부 근로장학제도	4,000달러/년
민간 학자금대출	6,000달러

대학졸업 후 지불해야 할 금액

매월 지불예상액(연방정부 융자)	411달러/월
연방정부융자 총예상액	37,000달러
매월 지불예상액(민간기관 융자)	297달러/월
민간기관융자 총예상액	26,000달러
융자 총예상액	**63,000달러**
총융자액에 대한 매월 지불예상액	**708달러/월**

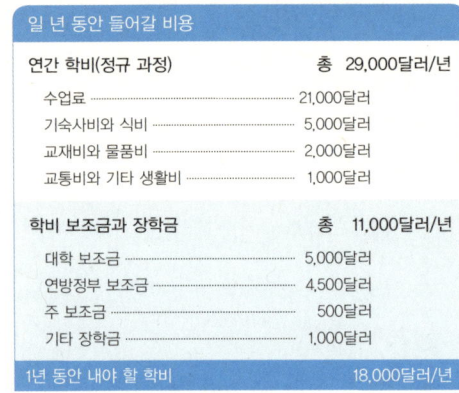

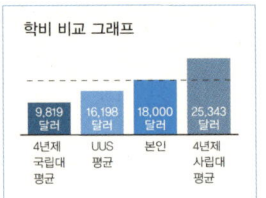

학비 비교 그래프
9,819달러 / 16,198달러 / 18,000달러 / 25,343달러
4년제 국립대 평균 / UUS 평균 / 본인 / 4년제 사립대 평균

UUS 학자금대출 채무 불이행 비율
본교 학생 중 스태포드 학자금대출을 받고 상환기간이 시작된 이후 3년 안에 채무 불이행을 선언한 비율
6.2%
낮음 / 중간 / 높음

UUS 학생들의 졸업비율
입학 후 6년 이내 졸업한 학생들의 비율

UUS 재등록률
재학생이 다음 해에 교육과정을 등록하는 비율

71% / 75% / 72% / 80%
UUS 평균 / 4년제 사립대 평균 / UUS 평균 / 4년제 사립대 평균

미국대학교(UUS)
재정지원부 사무실
123 Main Street Anytown, ST12345
(123)456-7890
financialaid@uus.edu

문의사항이 있거나 이후 절차가 궁금하시면 아래의 인터넷 주소를 방문하시기 바랍니다.
http://www.url.com/school/personalurl

그림 7-4 CFPB가 만든 학자금지원 표준양식.

인지, 열쇠를 쥐고 있는 사람(압력을 행사할 대상)은 누구인지 알 수 있다. 정보와 다양한 전략을 사람들과 공유할 때 현재의 위기를 적시에 해결할 수 있을 것이다.

학자금대출 말고도 해결해야 할 문제는 많다.

- 진보적인 비례세(소득에 상관없이 똑같은 세율을 적용해 세금을 걷는 제도 – 옮긴이)를 도입한 단순한 세금제도
- 단순한 신용카드 이용약관을 위한 표준양식 개발(새로운 양식이 실제 사용될 수 있도록 정부와 카드 회사를 압박하는 노력도 포함)
- 온라인 약관을 간단명료하게 만드는 일
- 단순한 보험 약관을 만들고 디자인하도록 요구하는 일
- 의료비 청구서와 퇴원 안내문을 단순하게 만드는 일
- 자동차 리스나 자동차 구입자금 대출을 단순하게 만드는 일
- 단순한 모기지 거래(금융위기가 다시 찾아오기 전까지 실현되길 바란다.)
- 단순한 배심원 준수규정(배심원단에 참여한 적이 있다면 이 말의 의미를 알 것이다.)

위에 열거한 내용은 시급히 대책을 고민해야 할 문제들이다. 그러나 사회의 복잡함은 다양한 모습으로 꽤 오랫동안 우리의 생활에 피해를 끼칠 것이다. 특히 노년층 인구가 늘어나고 있다는 점에 주목해야 한다. 그들은 복잡한 기술과 무섭게 쏟아지는 정보 앞에서 다른 계층보다 훨씬 더 피해를 입을 것이다. 하지만 더 큰 투명성과 더 많은

정보를 요구하면서 정보량이 필요 이상으로 증가했기 때문에, 노년층 뿐만 아니라 우리 모두가 정보의 늪에 빠져 허우적거릴 가능성도 높아졌다. 따라서 이제부터는 진정한 투명성을 요구해야 한다. 기업과 정부에게 정보공개를 요구하는 것은 옳은 일이지만 그 정보란 핵심만 실려 있고 시각적으로도 단순명료하며 적절한 사례와 쉬운 언어를 활용한 것이어야 함을 분명히 밝혀야 한다. 그렇지 않으면 정보를 요구하는 행동도 결국 아무런 가치가 없게 된다.

**기업 감시는
소비자의 몫이다**

한편 가짜 단순함도 경계해야 한다. 겉으로는 열정적으로 단순함을 추구하는 것처럼 보이지만 실제로는 다르게 행동하는 기업들을 경계하라는 뜻이다. 기업들이 그렇게 보이고 싶은 것은 당연하다.

그들은 소비자가 어떤 경우에는 웃돈을 내고서라도 단순한 제품과 서비스를 이용하려 한다는 사실을 발견했다. 마케팅 분야에 있는 똑똑한 사람들이 그 까닭을 모를 리 없다. 그들은 단지 단순한 물건을 내놓을 수 있는 방법에 대해 고민하기 싫을 뿐이다. 고객들과 공감하거나 제품과 서비스의 알맹이만 골라내는 작업은 무척 귀찮고 어려운 일이다. 하지만 '단순하다'는 말을 살짝만 내뱉어도 고객은 관심을 보인다. 광고 및 마케팅 담당자들이 광고 카피를 '쉬운', '편리한', '빠르게', '단순해진' 같은 단어들로 한껏 치장하는 이유다. 그러나 우주

선의 매뉴얼처럼 복잡한 문서에 멋대로 '단순한'이란 딱지를 붙였다간 오히려 고객들의 배신감만 사고 말 것이다. 그래서 가짜 단순함은 순수하게 복잡한 것보다 더 심각한 문제다.

단테는 『신곡』에서 기회주의자들을 일종의 죄인으로 그리면서 지옥의 변두리에서 말벌과 파리 떼에 영원히 고통 받는 존재라고 얘기했다. 단순함을 고객을 끌어들이는 미끼로 사용하는 기회주의자도 마찬가지다. 그들에게는 벌레 물린 데 바르는 약을 죽기 전에 한가득 챙기라고 말하고 싶다.

이런 기업을 감시하는 일은 소비자의 몫이다. 그들이 고객을 속이려 할 때 우리가 적극적으로 나서야 한다. 하지만 기업들도 스스로를 감시하고 단순한 것을 적극적으로 지지해야 한다. 우리는 최고경영자들에게 직접 호소해 대기업들도 이 운동에 동참하도록 노력하고 있다. 동시에 소비자 감시단, 퓨 자선기금이나 빌 게이츠가 설립한 재단, 맥아더 재단 MacArthur Foundation 같은 대형재단, 비영리단체 그리고 정치인들이 우리와 함께 단순함의 철학을 추구하도록 만드는 것도 우리가 해야 할 중요한 일이다.

교육기관도 마찬가지다. 특히 경영대학원, 로스쿨, 의과대학의 교수들은 반드시 이 문제를 고민해야 한다. 전문용어의 범람현상은 바로 이런 교육기관에서 시작되기 때문이다.

그리고 가장 중요한 파트너는 바로 독자들이다. 우리는 여러분의 참신한 발상, 사회적 네트워크, 변화에 대한 열정이 필요하다. 동시에 여러분이 복잡한 것과 맞서 싸울 때 필요한 여러 가지 자원도 충분히 제공할 것이다.

가령 ARS 시스템이 시간도 잡아먹고 상담원과의 연결도 방해할 때 그것을 건너뛸 수 있는 애플리케이션이 있다. 날로 심각해지는 전문용어의 확산에 대해 어떤 노력이 펼쳐지고 있는지 알려주는 기관도 존재한다. 심각한 오해를 낳을 만한 약관을 발견했을 때 신고할 수 있는 사이트도 있다. 콘슈머리스트 Consumerist.com 나 '짜증난 소비자 PissedConsumer.com'처럼 소비자운동에 관한 자료나 아이디어를 얻을 수 있는 공간도 있다. 어떤 회사가 형편없는 제품을 만들었거나 마땅히 누려야 할 서비스를 제공하지 않았을 때 해결책을 얻을 수 있는 사이트들이다. 이처럼 자료나 아이디어는 무궁무진하다. 다만 지금까지 한자리에 모여 있지 않았을 뿐이다. 그래서 우리가 직접 사이트 (www.callforclarity.com)를 만들어 전부 한곳에 모아놨고 그 쓰임새와 활용방법을 자세히 설명해놓았다.

이 운동은 결국 오랫동안 혼란에 빠져 고통받았던 사람들이 앞장서게 될 것이다. 관료, 기술전문가, 변호사들이 사회를 복잡하게 만들었으므로 현재의 위기를 해결할 수 있는 사람도 그들뿐이라는 주장은 대단히 잘못된 생각이다. 혼란을 가져온 그들에게 뭔가를 기대한다면 우리는 아마 오랫동안 더 기다려야 할 것이다.

이제 대출을 받거나, 세금을 납부하거나, 행정 서비스를 이용하거나, 제품을 구매하거나, 누군가와 소통할 때, 우리는 새로운 방식을 요구해야 한다. 그리고 리더라면 그 새로운 방식을 직접 개발하고 도입해야 한다.

■ 비즈니스 방식 바꾸기. 비즈니스 분야에 있는 사람들은 단순함의 원

칙을 사업의 모든 영역에 적용할 수 있는 힘과 기회를 갖고 있다. 그 결과 고객에게 더 나은 경험을 선사하고 동시에 기업의 역량도 높일 수 있다.

- 복잡해진 일상의 행동과 과정 새롭게 창조하기. 세금을 내는 것에서 모기지 대출을 받는 일까지 모든 과정을 단순한 것, 핵심적인 것, 명료한 것을 중심으로 다시 생각해야 한다.

오늘날 우리에게는 소셜미디어라는 강력한 무기가 있다. 단순한 사회를 처음으로 꿈꿨던 1970년대에는 존재하지 않았던 것이다. 이 새로운 무기는 누군가 좌절감을 느꼈을 때 포도덩굴이 뻗어나가듯 순식간에 모든 이들에게 그것을 알릴 것이고 결국 변화를 이끌어낼 것이다. 다음 장에 소개할 다양한 자료들은 독자 여러분이 과연 어디서부터 출발해야 하는지 구체적으로 알려준다. 웹사이트 www.callforclarity.com을 방문하면 더 많은 자료와 아이디어를 얻을 수 있다.

얼마의 시간을 투자하든 세상을 단순하게 바꿀 수 있는 방법은 수없이 많다. 사회운동에 직접 참여할 수도 있고 자신의 회사나 공동체 안에서 또는 지역 정치인들과 함께 고민해볼 수도 있다. 조직이나 단체를 향해 목소리를 높일 수도 있고 모든 공공정책이 단순하고 투명해야 하며 이해하기 쉬운 말로 설명돼야 한다고 정부에 요구할 수도 있다. 그리고 사회를 복잡하게 만드는 세력과 맞서 싸울 수도 있다. 모든 일들이 쉽다거나 당장 할 수 있다는 뜻은 아니다. 하지만 우리의 세상은 결국 단순해질 것이다.

마치며 ____

이제는 목소리를 높여야 할 때

　집필을 마무리하는 지금 단순함에 관한 뉴스가 자주 눈에 띈다. 이번 주만 하더라도 클라루스 리서치그룹Clarus Research Group이 필립 K. 하워드Philip K. Howard가 이끄는 비영리단체 커먼굿Common Good(책에 언급함)의 의뢰를 받아 1,000명의 유권자를 대상으로 전화조사를 실시했다고 한다. 이 조사의 주요 결과를 살펴보면 응답자의 85퍼센트가 법률과 행정규정이 단순해져야 한다고 답했고 93퍼센트가 국회와 대통령이 나서서 국가정책을 종합적으로 검토하고 쓸데없는 행정기능을 없애야 한다고 답했다. 그리고 81퍼센트가 행정규정을 '더 단순하고 덜 복잡하게' 만들 때 일자리가 창출될 것이라고 말했다.
　실제로 정부규정의 숫자가 얼마나 되는지, 각 규정이 현실에 어떻게 적용되는지 거의 모르는 사람들은 아마도 정부 시스템에 대한 불신을 본능적으로 표현했을 것이다. 사람들은 어려운 통계수치와 약어와 전문용어를 남발하는 정치인들과 그들이 끝없이 벌이고 있는 논쟁과 토론에 몹시 지쳐 있다. 그 방대함과 복잡함에 질려버린 사람들이 세상을 이해하고 잃어버린 권리를 되찾기 위해 '기본으로 돌아가자'고 외치는 것이다.

커먼굿이 발표한 조사결과는 2012년 12월 9일 주간지 「뉴욕타임스 선데이리뷰New York Times Sunday Review」에 실린 대니얼 애크스트Daniel Akst의 기고문 '우리가 서명하는 말도 안 되는 보상계약서들Those Crazy Indemnity Forms We all Sign'에 바통을 넘겨줬다. 그 기고문은 스포츠나 온라인 쇼핑 등 일상적 활동에서까지 사람들이 서명을 요구받는다고 폭로하며 계약서의 불평등성을 집중적으로 다뤘다.

기고문은 계속해서 독자에게 단순히 끌려다니지 말고 저항을 시작하라고 촉구했다. 기고문이 인터넷에 올라오자 100명 이상의 네티즌이 댓글을 남겼다. 그들은 보상조항 때문에 겪었던 일뿐만 아니라 비현실적일 만큼 따르기 어려운 동의서와 계약서의 각종 조항에 대해 자신의 경험담을 소개했다.

비슷한 주장들이 연속으로 제기되자, 사회 각 분야에서 쉬운 언어를 쓰기 시작하면 영원히 존재할 것 같은 그 난해하고 비현실적인 조항들도 결국 사라지리란 믿음이 더 커졌다. 그런 조항들이 계속 등장하는 이유는 오직 소비자들이 그 속뜻을 제대로 모르기 때문이다. 소비자들이 그 계약서에 담긴 불평등성을 이해한다면, 다시 말해 그 조항들의 부당함과 비현실성을 제대로 이해한다면 지금처럼 순순히 서명하지는 않을 것이다. 소비자는 불쾌한 조항을 거부하거나 인터넷에 글을 남기고 다른 기업으로 눈을 돌리며 그 기업에 맞설 것이다.

최근에 나온 몇 권의 책들을 보면 사람들의 저항이 이미 시작되었다는 희망을 전해준다. 또한 단순함이 얼마나 다양한 의미를 가진 개념인지 보여준다. 듀에인 엘진Duane Elgin이 1981년에 처음 발표했던 『단순한 삶Voluntary Simplicity』이 2010년 재출간되었다. 이 책은 생활의 균형을 찾는 것이 행복에 이르는 방법이라고 얘기한다. 어떤 일을 하면서 살 것인지 정했다면 사실 그다음에 가장 많이 던지는 질문은 "삶을 어떻게 단순하게 만들 수 있을까?"이다. 누구나 일상생활의 소음과 어수선함을 제거하려고 애쓴다. 과다한 정보를 다루는 일은 그만큼 정신과 육체가 모두 지칠 정도로 많은 시간과 집중력을 요구하기 때문이다.

최근에 나온 다른 책들 중에 단순함을 다룬 책은 또 있다. 미시건 대학교Michigan University의 법학과 교수 마거릿 제인 라딘Margaret Jane Radin은 자신의 저서인 『표준약관: 단서조항, 사라진 권리 그리고 법의 지배Boilerplate: The Fine Print, Vanishing Rights, and the Rule of Law』에서 사람들에게 겁을 주는 계약서에 대해 주목한다. 2012년에 출간된 켄 시걸Ken Segall의 책 『단순함에 미쳐라Insanely Simple』도 단순함을 추구하는 전략이 애플이 가진 경쟁력의 핵심이라고 주장한다.

모방도 하나의 중요한 전략인 비즈니스 세계에서 단순해지는 것이 쓸데없는 요소를 제거하는 과정일 뿐만 아니라 선택과 집중, 동기부여, 고객만족, 이윤창출 같은 중요한 전략이라는 사실을 기업들은 곧 깨닫게 될 것이다. 직원들이 회의실에 앉아 정신이 멍해질 정도로 난해한 법률규정을 추가하는 일은 사라질 것이다. 낡고 오래된 조항을 수정하는 사람들이 아니라 단순하고 의미 있는 고객경험을 야심차게 꿈꾸는 이들에게 보상이 돌아갈 것이다.

복잡한 사회에 대한 소비자들의 분노와 함께 단순함을 외치고 있는 목소리들은 법적인 의무, 투자행위, 시민으로서의 권리, 의료보험 혜택 등을 정말로 알고 싶은 사람들의 기본적 요구를 반영한다. 오직 상품과 서비스를 이해했을 때 소비자는 신뢰하기 시작한다. 그리고 단순할수록 소비자는 쉽게 이해한다. 신뢰가 생긴 소비자는 기꺼이 지갑을 열 것이고 경제와 사회 모두 혜택을 누리게 된다.

사회의 분위기가 점점 뜨거워지고 있다. 날이 갈수록 단순한 것을 요구하는 소비자의 목소리가 더욱 커질 것이다. 단순명료함에 대해 이야기하는 책도 더욱 많이 등장할 것이다. 그리고 기업은 마침내 우리들의 요구에 공감할 것이다.

감사의 말 ____

이 책을 쓰는 데 도움을 준 많은 이들과 기업 및 단체들에게 감사의 말을 전하고 싶다. 그들은 우리에게 많은 얘기를 들려줬고 모범적인 경영사례를 직접 실천했으며 집필 작업에도 지원을 아끼지 않았다. 그룹을 대상으로 인터뷰를 진행한 경우 책에서는 대표 한두 사람만 언급했지만, 사실 그 조직의 모든 이들이 우리가 진정한 단순함을 찾을 수 있도록 시간과 노력을 제공해 주었다.

그래픽 디자이너인 데보라 애들러Deborah Adler, 변호사 로버트 바틀렛Robert Bartlett, 그레그 번스타인Gregg Bernstein, 서배너 예술대학교Savannah College of Art and Design, 디에데리크예 복Diederiekje Bok과 조수 헤인 메비센Hein Mevissen, 광고사 존 도John Doe, 예술가 캔디 창Candy Chang

에게 감사를 표한다.

또한 클리블랜드 클리닉의 제임스 멀리노 박사Dr. James Merlino, 카르멘 케스트라넥Carmen Kestranek, 새러 싱클레어Sarah Sinclair, 도나 자벨Donna Zabell, 셸리 프루스트Shelley Frost, 매리 린다 리베라Mary Linda Rivera, 윌리엄 피콕William Peacock, 조 패튼책Joe Patrnchak에게도 감사하다.

터프츠 대학교의 닐 콘Neil Cohn, 에르고 보험사ERGO Insurance의 한스 파브리Hans Fabry, UCLA 데이비드게펜 의과대학의 데이비드 스태션 박사Dr. David Stachon, UCLA의 필립 K. 하워드Philip K. Howard, 커먼굿Common Good, 『선택의 기술The Art of Choosing』 저자인 시나 아이양가르Sheena Iyangar, 레이 위버Ray Weaver, 하버드 경영대학원의 수전 웨인스톡Susan Weinstock, 퓨 자선기금Pew Charitable Trusts, 비타민스디자인VitaminsDesign의 애드리언 웨스터웨이Adrian Westaway도 많은 도움을 주었다.

특히 책의 초안을 작성할 때 도움을 준 워런 버거Warren Berger에게 깊이 감사한다. 주제가 정해지자 그는 우리와 끊임없이 대화를 나누며 그동안 축적했던 방대한 자료를 자세히 조사했다. 그가 없었더라면 핵심내용을 골라내는 작업이 훨씬 복잡해졌을 것이다.

2011년 여름 내내 정성껏 편집 작업을 도와준 크리스티나 바달리치 최Christina Badalich Choi에게도 깊은 감사를 전한다. 그녀의 꼼꼼하고 날카로운 안목과 차분한 성품은 집필 작업에 질서와 활기를 불어넣어 주었다. 크리스티나가 우리 회사에 들어와 자신의 능력을 펼치고 있다는 사실은 행운이 아닐 수 없다.

부록 ____

단순함을 추구하는 데 유용한 곳들

독자들은 웹사이트 www.callforclarity.com에서 똑같은 내용을 볼 수 있다.

소비자를 위한 5가지 행동원칙

수학등식은 양쪽으로 이뤄져 있다. 여러분이 비즈니스 활동을 벌이고 있다면 이 책에 담겨 있는 메시지와 사례를 이용해 현재의 방식을 재검토할 수 있다. 하지만 경영자가 아니더라도 소비자로서 똑같이 변화를 일으킬 수 있다. 우리는 복잡한 사회에서 단순한 것을 추구하고 요구하는 데 필요한 자원과 도구들을 축적해왔다. 그것들은 다섯 가지 행동원칙을 기준으로 활용되어야 한다. 다섯 가지 행동원칙은 다음과 같다. 첫째, 자신의 권리를 파악하라. 둘째, 현명하게 결정하라. 셋째, 요구할 것은 요구하라. 넷째, 불만의 목소리를 높여라. 다섯째, 단순명료한 신생기업들을 지지하라.

1. 자신의 권리를 파악하라

연방통상위원회 Federal Trade Commission

http://www.ftc.gov/bcp/consumer.shtm FTC의 웹사이트는 다음과 같이 조언한다. "교육이 가장 중요하다. (…) 돈을 쓰기 전에 정보를 충분히 수집한 후 결정하라." FTC는 소비자의 권리와 다양한 산업에서 올바른 결정을 내리는 방법에 대해 기준을 제시한다. 안내책자를 신청하거나 온라인으로 살펴볼 수 있다.

미국 정부 USA.gov

http://www.usa.gov/topic/consumer.shtml USA.gov는 소비자 행동요령 안내서를 무료로 나눠주지만 여러분은 그 안내서를 주문해서 읽거나 실천에 옮길 시간도, 의지도 부족할지 모른다. 사람들은 보통 화가 머리끝까지 났을 때 비로소 행동에 나선다. 그런 경우라면 이제부터 소개하는 사이트에 주목하기 바란다.

2. 현명하게 결정하라

BBC프로그램 워치독 BBC, Watchdog

http://www.bbc.co.uk/watchdog 충분한 재미를 선사하는 이 BBC 채널의 프로그램은 기업들의 비뚤어진 관행들을 고발하며 소비자들에게 유용한 조언을 제시한다.

버추얼 검슈 Virtual Gumshoe

http://www.virtualgumshoe.com 소비자에게 유용한 기업정보와 신용평가 보고서를 무료로 제공하고 있어 유용하다.

컨슈머 월드 Consumer World

http://www.consumerworld.org 이 사이트는 소비자 인식을 높이고 각종 정보와 조언을 제공해 현명한 구매활동을 도와준다.

더 컨슈머리스트 The Consumerist

http://www.consumerist.com 시장의 전체적인 지형을 파악할 수 있는 대단히 훌륭한 사이트다. 친절하고 정직한 기업과 그렇지 않은 기업이 어디인지 알 수 있다. 위트 넘치고 객관적인 내용의 글들이 많아 재미와 정보를 동시에 얻을 수 있다. 기업으로부터 부당한 대우를 받았을 때 어떻게 대처해야 하는지에 관한 글도 엄청나게 많다.

펄스 PULSE of NY

http://www.pulseofny.org 펄스는 교육프로그램과 사회활동을 통해 환자들의 안전을 도모하고자 설립된 비영리단체다. 회원들에게 의료 시스템을 이용하거나 의료진에게 정보를 요구하는 방법을 가르친다. 환자의 안전은 환자가 얼마나 침착성을 유지하느냐에 달려 있는 경우가 많았다. 하지만 건강문제나 의료진의 태도에 따라 불필요한 두려움과 혼란이 생길 수 있다.

PBS키즈, "사지 마세요" PBS Kids, Don't Buy It

http://www.pbskids.org/dontbuyit 오늘날 지구촌 경제 시대에 영리한 소비자가 되는 방법을 배우는 것은 빠를수록 좋다. 방송국 PBS가 운영하는 이 사이트는 아이들에게 물건을 사는 현명한 방법을 알려준다.

3. 요구할 것은 요구하라

전화를 일부러 피하는 것은 상대방과의 관계를 끝장낼 수 있는 좋은 방법이다. 그런데 수백 개의 기업들이 고객을 매일 ARS서비스로 떠넘기고 있다. 진짜 사람과 통화하고 싶을 때 적어도 ARS서비스로부터 벗어나고 싶을 때 유용한 사이트를 소개한다.

패스트커스터머 FastCustomer

http://www.fastcustomer.com 이 사이트는 자동안내 시스템에서 시간을 허비하지 않도록 도와준다. 이 사이트에 들어가 통화하고 싶은 서비스 기관이 어디인지 얘기하면 사이트는 그 기관의 대표자가 여러분에게 즉시 전화를 걸도록 조치를 취한다. 인터넷, 문자 메시지, 전화, 애플리케이션으로 언제 어디서든 이 사이트의 서비스를 이용할 수 있다.

겟휴먼 Gethuman

http://www.gethuman.com 기업이나 사업부의 고객 서비스 담당 부서의 전화번호를 찾을 수 있도록 도와주는 사이트다. 대표번호로 전화를 걸어 담당자의 목소리를 듣기 전까지 이리저리 방황할 필요가 없어진다. 패스트커스터머처럼 사이트에 올라와 있는 무려 8,000개의 기업들이 직접 전화를 걸게 할 수도 있다.

800노트 800notes

http://www.800notes.com 짜증나는 스팸 전화로부터 벗어나는 데 도움을 준다.

4. 불만의 목소리를 높여라

기업에 대해 불만이 생겼을 때 참고할 만한 글이다.

http://www.nytimes.com/2010/05/23/your-money/23haggler.html 데이비드 시걸David Segal, "효과적으로 항의할 때 필요한 안내서A Guide to Complaints That Get Results"(『뉴욕타임스New York Times』, 2010년 5월 22일)

http://consumerist.com/2012/11/02/the-dos-and-donts-of-getting-someone-to-take-your-complaint-seriously 크리스 모런Chris Morran, "자신의 항의를 심각하게 여기도록 만들고 싶을 때 해야 할 일과 하지 말아야 할 일The Dos and Don'ts of Getting Someone to Take Your Complaint Seriously"(더 컨슈머리스트The Consumerist, 2012년 11월 2일)

다른 이들의 불만을 알 수 있는 사이트도 있다.

플래닛 피드백 Planet Feedback

http://www.planetfeedback.com 건설적인 비판을 위한 사이트다. 불만이 쌓였을 때 그 일을 마음껏 글로 써보는 일도 좋은 방법이다. 이 사이트에서는 기업에 보내는 편지 형식으로 자신이 느낀 분통함을 표현할 수 있다. 운이 좋다면 그 기업이 당신의 글을 발견하고 답장을 보낼지도 모른다. 우리가 소개하는 사이트는 분노를 표출하거나 자신의 경험을 공개하는 공간이다. 하지만 어느 경우든 대화를 시작할 수 있는 가장 좋은 방법처럼 보인다.

립오프 리포트 Ripoff Report

http://www.ripoffreport.com 거리낌 없이 기업들의 사기행각을 폭로하는 공간이다. 이 사이트는 여러분의 항의가 잘못된 비즈니스 관행을 바로잡으려는 변호사들에게 힘을 실어준다고 주장한다. 이 변호사들은 기업들이 실제로 사업방식을 바꾸게 하거나 피해를 입은 소비자들이 보상을 받을 수 있게 노력한다. 즉 여러분의 목소리가 다른 소비자를 구할 수 있다.

이규제크티브 봄 Executive Bomb

http://www.executivebomb.com 불행히도 고객 서비스센터의 이메일 주소로 항의 메일을 보냈을 때 아무런 반응이 없거나 회사 차원의 변화가 아니라 개별적인 해결책만 제시하는 경우가 많다. 종종 원하는 결과를 얻기 위해서는 가장 높은 사람을 직접 찾아가야 할 때가 있고 이 사이트는 그럴 때 당신을 도와줄 것이다.

회사 이름을 검색해 그 회사의 이메일 명단을 입수하라. 그다음 고객경험을 담당하는 임원이나 최고경영자의 이름을 찾아 메일을 보내라. 그들은 당신이 겪은 불편함이나 부당함을 모르고 있을지 모른다. 그리고 운이 좋다면 당신의 얘기를 기억해 조치를 취할 것이다.

FTC 불만접수센터 FTC Complaint Assistant

http://www.ftccomplaintassistant.gov 여러분의 불만을 정부에 직접 얘기하라. FTC에 신고한 불만사항은 정부가 불법적인 사업 활동을 벌이는 기업을 고발하거나 해외의 법집행기관과 협력하는 활동에 도움을 받을 수 있다.

피스드 컨슈머 Pissed Consumer

http://www.pissedconsumer.com 소비자에게 유용한 정보로 가득한 곳이다. 하지만 이름에서 알 수 있듯 화가 난 소비자들이 주로 찾는 사이트로 자신의 불만을 마음껏 표출할 수 있는 공간이다. 이 사이트는 소비자들의 불만을 취합해 그들의 고객만족지수에 반영한 뒤 최악의 기업을 선정한다.

컴플레인트 보드 Complaints Board

http://www.complaintsboard.com 짜증이 나는가? 화가 치밀어오랐는가? 그 모든 것을 분출할 수 있는 사이트다. 기업에 대한 불만을 그저 표출하기 위한 장소는 아니지만 이름 그대로 불만을 가진 소비자들에게 훌륭한 토론장을 제공한다. 기업의 그릇된 관행과 맞설 수 있도록 다양한 글과 조언을 제공한다.

메저드 업 Measured Up

http://www.measuredup.com 보잘것없는 여러분과 말할 시간이

별로 없어 보이는 대기업들에게 할 말이 있는가? 이 사이트는 자신의 의견을 대기업에 전달해줄 수 있는 메신저가 될 것이다(대기업 고객 서비스센터에 전화할 필요가 없다).

애플리케이션 컨슈머리스트 팁스터 Consumerist Tipster

http://itunes.apple.com/us/app/consumerist-tipster/id443045014?mt=8

컨슈머리스트닷컴comsumerist.com과 연결되는 이 애플리케이션은 불법적이거나 비윤리적인 기업들의 활동을 스마트폰을 사용해 신고할 수 있다. 사진을 찍어 컨슈머리스트 웹사이트에 전송하라. 컨슈머리스트는 추천 수가 많은 순서대로 게시물을 보여주고 기업이 자신들의 행동을 바로잡도록 압력을 행사한다.

국제적으로 가장 활발하게 활동하는 사이트를 몇 군데 소개한다.

컨슈머 컴플레인트(인도 소비자 모임) Consumer Complaints

http://www.consumercomplaints.in

더 컨슈머리스트 The Consumerist

http://www.consumerist.com

코어 센터 Core Centre

http://www.core.nic.in

어떤 노력도 효과가 없다면 소액심판을 청구하라.

소액심판법원은 돈을 돌려받아야 한다고 느낄 때 도움을 얻을 수 있는 장소다. 클레임을 제기하는 행위는 규모가 더 큰 소송보다 비용도 적게 들고 효율성도 높다. 변호도 스스로 할 수 있을 것이다. 주정부의 홈페이지를 방문하면 항의를 접수하는 방법 및 자신의 입장을 알리는 방법이 나와 있다.

5. 단순명료한 신생기업들을 지지하라

어감도 좋은 기업 두 곳을 소개한다.

심플 Simple

https://simple.com

마이너스 Minus

https://minus.com

하지만 훨씬 더 많은 소기업이 단순명료한 사회를 만들 수 있는 엄청난 아이디어를 가지고 활동하고 있다. 그들은 성공의 발판이 될 수 있는 고객층과 자본이 필요하다.

기업들을 위한 조언

경영자라면 소비자들은 당신의 방식에 불만을 표시하고 있을지도 모른다. 하지만 빌 게이츠Bill Gates는 "불만이 쌓인 고객이야말로 가장 많은 것을 배울 수 있는 원천이다."라고 말했다. 소셜미디어와 소비자불만 사이트에서 회사에 대해 쏟아내는 그 자발적 조언들을 최대한 활용하기 바란다. 수많은 고객을 직접 만날 수 있을 뿐만 아니라 그들의 불만을 해결하기 위한 조치를 취할 수 있고 결국 고객과의 관계도 되살릴 수 있다. 때로는 적절한 방식으로 고객들의 불만을 해결하는 것이 처음부터 만족을 선사하는 것보다 나을 때도 있다.

모두를 위해 유용한 단체들

다양한 단체가 당신을 기다리고 있다. 당신이 쓸데없는 것에 에너지를 쏟지 않고, 지갑에서 돈이 덜 나가도록 도와줄 것이다.

미 소비자금융보호국(CFPB) Consumer Financial Protection Bureau

www.consumerfinance.gov CFPB는 정부를 여러분의 편으로 만드는 훌륭한 수단이다. 이 조직의 목표는 다음과 같다.

모기지를 신청하는 일이나 신용카드를 고르는 일 그리고 그밖의 금융상품을 이용하는 모든 일에서 소비자금융 상품 및 서비스가 국민에게 진정한 혜택을 줄 수 있도록 노력한다. 무엇보다 중요한 임무는 소비자가 충분한 정보를 얻고 자신과 자신의 가족들에게 최선이라 믿는 결정을 내리도록 보장하는 것이다. 가격정보는 맨 앞에 표시돼야 하며 감수해야 할 위험도 쉽게 설명해야 한다. 어떤 내용도 복잡한 약관 속에 숨어 있어서는 안 된다.

훌륭해 보이는가? 우리도 그렇게 생각한다.
CFPB는 소비자 금융의 혼란과 복잡함을 해결하기 위해 세 가지 측면에서 접근한다.

1. 교육: 깨어 있는 소비자야말로 그릇된 기업관행을 막을 수 있는 최초의 방어선이다.
2. 법률 집행: CFPB는 은행, 신용조합, 기타 금융회사들을 감독하고 연방 소비자금융법을 집행한다.
3. 연구: 소비자, 금융회사, 소비자 금융시장을 더욱 깊이 이해하기 위해 CFPB는 관련 정보를 수집하고 분석한다.

정부를 여전히 못 믿겠다면 CFPB의 소비자불만 포털(www.consumerfinance.gov)을 한번 방문해서 '불만제출 Submit a Complaint' 항목을 클릭해보기 바란다. 2011년 7월부터 2012년 9월까지 신용카드, 은행, 학자금대출, 모기지 등과 관련된 소비자불만이 무려 79,000건이나 올라와 있다.

쉬운 언어 쓰기 운동본부 The Center for Plain Language

http://www.centerforplainlanguage.org　'쉬운 언어는 시민의 권리다'라는 표어를 내걸고 있는 이 단체는 정부와 기업에게 분명하고 이해하기 쉬운 문서를 작성하라고 촉구한다. 이 단체는 모든 것을 행동으로 보여준다. 언어문화를 해치는 사람들을 교육하고 올바른 언어 사용자에게는 상을 수여한다. 관련 분야에서 연구를 수행하고 그 결과를 공유하기도 한다. 또한 연수 프로그램과 발표회를 개최하고 쉬운 언어 사용의 모범사례들을 책으로 펴낼 때도 있다.

커먼굿 common Good

http://www.commongood.org　당파를 초월해 활동하는 비영리단

체다. 이 단체는 법률제도가 제구실을 못하고 있으며 "잃어버린 책임을 되찾으려면 법률이 가장 수준 낮은 공통분모에만 매달려 국민의 선택권을 제한하는 것이 아니라 자유로운 선택권의 한계를 정한다는 본연의 임무로 돌아가야 한다."고 주장한다. 정치인들은 책임을 전가하거나 책임을 피하기 위해 시대착오적인 법률을 이용하는 행위를 그만둬야 한다.

이제 형식주의를 버리고 공익common good을 추구하자! 웹사이트에 있는 소개글에도 나와 있지만 "변화는 결국 법이 아니라 사람이 만들어내는 것"이다. 웹사이트를 방문해 그들이 현재 추진 중인 '스타트오버StartOver' 운동을 널리 알리기 위해 이 단체가 어떤 주장을 펼치고 있는지 확인해보기 바란다.

쉬운 언어 쓰기 운동 및 정보 네트워크(PLAIN) The Plain Language Action and Information Network

http://www.plainlanguage.gov 이 단체는 "국민은 정부에게 명확한 커뮤니케이션을 요구할 권리가 있다."고 강조한다. 플레인은 다양한 정부부처의 연방공무원들로 구성된 단체로 명확하고 투명한 행정 커뮤니케이션을 약속한 정부가 자신의 공약을 실현하기 위해 신설했다. 국민에게 더 나은 행정 서비스를 제공함으로써 연방 행정기관이 시간과 자원을 아낄 수 있도록 만들겠다는 목표를 가진 이 단체는 컨퍼런스 개최, 문서작업 지원, 행정서류 검토, 연방공무원 교육 등 다양한 활동을 펼치고 있다.

소비자연맹(CU) The Consumers Union

www.consumersunion.org 이 분야에서 오랜 관록을 가진 단체다. 광고산업이 급격히 성장했던 1930년대 중반 소비자들은 "사실과 과장, 좋은 제품과 나쁜 제품을 구별할 때 필요한 신뢰성 있는 정보가 부족했다." 그때부터 소비자연맹은 시장을 조사하고 제품을 시험하고 손님으로 가장해 기업들을 감시하기 시작했다. 이 단체의 발간물은 대단히 인기가 많으며 그중 어느 하나만 읽어봐도 훨씬 더 현명한 소비자가 될 수 있다.

- ConsumerReports.org
- 「*Consumer Reports*」(잡지)
- 「*Consumer Reports on Health*」(소식지)
- ConsumerReportsHealth.org
- Consumer Reports Health Rating Center
- 「*Consumer Reports Money Adviser*」(소식지)

800만 명 이상의 독자층으로 이뤄진 공동체에 여러분도 가입하기 바란다. 아니면 이 단체의 여론조사에 참여해 연구활동에 보탬이 되는 것도 좋다. 최소한 ConsemerReports.org 사이트는 방문해보라고 얘기하고 싶다. 소비자연맹이 주로 정치적 영향력을 행사하거나 봉사활동 그리고 풀뿌리 시민운동을 조직하는 일에 힘쓰고 있다면 이 사이트는 인터넷을 이용해 변화를 이끌어내려고 시도하는 활동가들이 주로 활동하고 있다.

컨슈머스 인터내셔널(CI) Consumers International

http://www.consumersinternational.org 전 세계 220개 회원단체를

거느린 이 비영리조직은 '소비자의 권리를 최우선으로 생각하는' 운동을 펼치고 있다. 법률의 개혁을 촉구하고 소비자에게 피해를 입히고 그들을 속이는 기업들의 행태를 비판하는 이 단체는 강력한 감시자이자 훌륭한 소비자운동 조직이다. 소비자의 대변인으로서 유엔, 세계보건기구WHO, 국제표준화기구ISO, 식량농업기구FAO 등과 일하면서 국제사회의 실질적인 진전을 이끌어냈다.

미 금융산업규제기구(FINRA) The Financial Industry Regulatory Authority

http://www.finra.org 이 단체는 투자자를 보호하고 증권산업을 규제하고 감독하는 활동을 벌인다. 다른 단체들처럼 이 단체도 정보를 가장 강력한 무기라고 생각한다. 웹사이트를 방문해 그곳에서 벌어지는 토론에 참여해보면 저축과 투자 그리고 이 단체가 증권 산업 내에서 어떻게 투명성을 높여나가고 있는지 많은 것을 배울 수 있다.

미 연방통상위원회(FTC) Federal Trade Commission

http://ftc.gov 소비자 권익을 위한 감시기구로서 국민생활의 다양한 영역에서 활동한다. 소비자를 보호하고 시장의 질서를 유지시키기 위해 광범위한 관할권을 갖고 있다. 이 정부기구는 법집행, 입법기관과 기타 행정기관에 대한 조언, 정책개발 및 연구, 마지막으로 교육까지 수많은 일들을 수행하고 있다.

플레인 앤 플레인 인터내셔널 PLAIN and PLAIN International

http://www.plainlanguagenetwork.org 캐나다에 본부를 둔 이 단체

는 쉬운 언어의 사용을 확대하고 의료, 법률, 정보, 교육, 홍보 등 가장 복잡한 산업 분야에서 단순명료한 커뮤니케이션을 정착시킨다는 목표를 가지고 있다. 자원봉사자, 전문직 종사자, 각종 단체, 쉬운 언어 쓰기 활동가들이 네트워크를 형성해 활동한다. 이들은 쉬운 언어의 사용과 연구에 힘쓰고 있으며 국제적 네트워크를 통해 협력활동도 적극적으로 추진하고 있다.

클래리티 Clarity

http://www.clarity-international.net 마침내 법률용어가 아니라 보통사람이 하는 말로 얘기하는 변호사들이 등장했다. 이 단체의 변호사들은 쉬운 언어를 써야 한다고 주장하며 법적으로 엄격하면서도 이해하기 쉬운 문서를 작성하는 것이 가능한 일임을 입증했다. 이들은 1년에 두 차례씩 간행물을 펴내며 뜻이 같은 변호사와 전문작가들로 이뤄진 그들의 공동체를 키워나가고 있다.

미국 소비자연맹(CFA) Consumer Federation of America

http://www.consumerfed.org 이 단체는 연구, 사회활동, 교육을 통해 소비자의 이해를 도모하기 위해 1968년에 설립된 비영리 조직이다. 현재 거의 300개의 단체가 가입돼 있고 각 단체의 대표들로 구성된 이사회가 전체 조직을 이끌고 있다. 컨퍼런스 개최, 소비자교육자료 발간, 소비자 중심의 정책 제정, 소비자 및 기업행동 연구 등 광범위한 활동을 통해 CFA는 정책입안자들의 중요한 파트너로 자리매김하고 있다. 홈페이지에 방문해 그들의 소비자보호 운동과 교육 자료들을 읽어보기 바란다.

옮긴이의 말 ____

　이 책을 다 읽은 독자라면 혹시 지금의 나와 비슷한 변화를 겪고 있을지 모르겠다. 최근에 겪었던 인상 깊은 일들을 몇 가지 소개할까 한다.
　얼마 전 노트북을 하나 새로 샀다. 전자제품을 잘 모르는 나로서는 처음부터 머리가 지끈거렸지만 꼭 해야 할 일이었다. 그리고 예상대로 대단히 힘든 여정이 나를 기다렸다. 모든 회사가 모든 사양의 제품을 판매하고 있었기 때문에 화면크기, 해상도, 용량, 속도, 소음, 키보드 등 모든 조건을 알아서 선택해야 했다. 마지막에는 나를 위해 아무것도 선택해주지 않는 회사들이 원망스러울 지경이었다. 또 식당에 갔을 때 늘 봐오던 메뉴판의 수십 가지 음식을 들여다보다 문득 이런 의문이 들었다. 내가 시킨 음식의 재료는 과연 언제부터 냉장고에 들어 있었을까? 식재료의 재고를 관리하는 식당 주인의 노하우가 궁금해졌다.

한 신문기사에 깜짝 놀란 적도 있다. 수능, 입학사정관제, 논술, 대학별고사, 특기자전형 등 올해 우리나라 대학의 신입생 입학전형을 모두 합치면 3,000개가 넘는다는 내용이었다. 수험생들은 문제집이 아니라 모집요강에 더 많은 시간을 쏟아야 할 것 같다.

기업들은 소비자에게 모든 조건을 제시하지만 결국 아무것도 제시하지 않는다. 식당들은 맛도 없고 신선함도 떨어지는 음식만 잔뜩 내놓는다. 대학도 수험생과 학부모의 사정을 고려하지 않아 다양성이 아니라 사실상 국가적인 혼란을 초래했다. 결론은 단 하나다. 세상은 쓸데없이 너무 복잡해졌다.

이 책의 저자는 서문에서 복잡해진 사회와 그로 인해 고통 받는 사람들이 자신에게 처음으로 보였던 시기에 대해 이야기한다. 나 역시 번역을 하면서 그리고 지금까지 주변의 복잡한 것들이 이렇게 하나 둘씩 눈에 들어오기 시작한다. 분통터지는 일이 더 늘어났으니 기뻐할 만한 일은 아닐 것이다. 하지만 사회가 저절로 단순해지지 않는 한 언젠가는 마주칠 문제였다. 그리고 분노하는 사람들과, 자신의 회사나 조직이 누군가를 고통스럽게 만든다는 사실을 깨닫는 사람들이 늘어난다면 어쨌든 세상은 하루라도 빨리 단순해질 것이다.

다양한 영감을 전하는 책이지만 단순한 세상을 만들기 위해 당장 할 수 있는 일이 무엇인지는 사실 아직 모르겠다. 하지만 이 책의 긴 여운을 생각하면 시간은 충분하리라. 한 가지 분명한 것은 적어도 나만큼은 세상을 복잡하게 만들지 않겠다는 다짐이다. 앞으로의 번역

작업에서도 더 쉽고 간결한 언어를 사용하도록 노력해야겠다. 아무쪼록 독자도 자신과 사회 모두 지금보다 행복해질 수 있도록 생활과 일의 방향을 새롭게 설정했으면 하는 바람이다.

  끝으로 이 책을 만나게 해주었고 귀중한 조언을 아끼지 않은 RHK 출판사와 바른번역에 깊이 감사드린다. 두 달 가까이 이어진 작업 기간 동안 늘 신선한 아이디어로 의논상대가 되어준 아내에게도 고마움을 전한다.

각주 _____

[Chapter 1]
복잡함이 불러온 위기

1. "Beware of Bogus Phone Bill Fees," *Consumer Reports*, August 2012.
2. Dawn Fallik, "$5 Million Jury Award in Death of Year-Old Boy," *Philadelphia Inquirer*, July 25, 2006.
3. Susan H. Corey, Jeffrey Smith, and Daniel J. Sheehan, "Physician Signatures," *Southern Medical Journal*, August 2008.
4. Leander Kahney, "John Sculley on Steve Jobs: The Full Interview," *Cult of Mac*, October 14, 2010.
5. *People* Magazine, May 22, 1978.
6. David Segal, "It's Complicated: Making Sense of Complexity," *New York Times*, May 2, 2010.
7. Paul Johnson, "In Business, Simplicity IS Golden," Fobes.com, March 16, 2009, www.fobes.com/fobes/2009/0316/017_current_events.html.
8. From our interview with Daniel Schwarcz, June 9, 2011.
9. Segel, "It's Complicated."
10. David Kocieniewski, "I.R.S. Ombudsman Calls for a Broad Overhaul of Tax

Regulations," *New York Times*, January 5, 2001.
11. *Newsmakers*, C-SPAN, January 10, 2010.
12. Adam Liptak, "JusticesLong on Words but Short on Guidance," *New York Times*, November 18, 2010.
13. David Leonhardt, "Buyer, Be Aware: What We Don't Understand as Comsumers Could Really Hurt Us," *New York Times Magazine*, August 15, 2010.
14. Kenneth Chang, "A Challenge to Make Science Crystal Clear," *New York Times*, March 5, 2012.

[Chapter 2]
단순함을 추구하는 혁신가들

1. 온라인 은행 심플의 이야기는 창업자 조쉬 라이히와의 인터뷰를 바탕으로 집필했다.
2. Kristian Andersen, "Designing a New Bank Experience," *KA+A*, June 24, 2011.
3. Heather Landy, "Customer to Banks: Simple Sells," *American Banker*, March 16, 2011.
4. Gregory M. Lamb, "A Fast Rate of Return," *Christian Science Monitor*, May 15, 2006.
5. Bruce Horovitz, "Marketers Such as Starbucks Discover That Simple Sells," *USA Today*, October 2, 2009.
6. Joe Brancatelli, "Southwest Airlines' Seven Secrets for Success," Portfolio.com, July 8, 2008.
7. From a study in *Yankelovich Monitor Minute*, February 2005.
8. Kevin Ransom, "Reigh of the Plain: Survey Find Gen Ys Prefer Brand Simple," MediaPost.com, April 20, 2007.
9. Survey conducted in July 2010, published at HarrisInteractive.com, September 24, 2010.
10. More on this can be found in Lew McCreary, "Kaiser Permanente's Innovation on the Front Lines," *Harvard Business Review*, September 2010.
11. From Siegel+Gale survey of 1,214 Americans conducted between December 29, 2008, and January 5, 2009, and released on January 14, 2009.
12. Joe Davidson, "Time for a Plain-Language Revolution," Washington Post,

October 30, 2009.
13. The survey is explained in Aliya Sternstein, "Americans Give Low Marks to Obama Transparency Effort at Agencies," NextGov.com, October 20, 2010.

[Chapter 3]
제대로 공감하라

1. 클리블랜드 클리닉에 관한 내용은 2011년 11월 9일 병원을 직접 방문해 현장에서 실시한 인터뷰를 토대로 구성했다. 특히 병원의 최고경험경영자인 제임스 멀리노 박사의 도움이 컸다.
2. Steve Szilagyi, "The Patient Experience," *Cleveland Clinic Magazine*, Winter 2011.
3. "Customer Rage: It's Not Always About the Money," *Knowledge@W.P. Carey* (blog), November 23, 2005, quoting the annual "customer rage" study by Customer Care Alliance.
4. From, among other reports, Lora Kolodny, "Study: 82% of U.S. Consumers Bail on Brands after Bad Customer Service," *TechCrunch*, October 13, 2010.
5. From our interviews with Oppenheimer, August 19, 2011.
6. E. B. Boyd, "For Brands, Being Human Is the New Black," FastCompany.com, August 29, 2011
7. Based on our interviews with ING Direct CEO Arkadi Kuhlmann.
8. Ann Carrns, "Capital One's Response to Outrage over ING Direct Purchase," *New York Times*, June 22, 2011.
9. The story of IDEO's hospital ceiling redesign in recounted in Paul Bennett, "Listening Lessons: Make Consumers Part of the Design Process by Tuning In," *Advertising Age Point*, March 2006.
10. Gregory R. Istre et al., "Increasing the Use of Child Restraints in Motor Vehicles in a Hispanic Neighborhood," *American Journal of Public Health*, July 2002.
11. From B. L. Ochman, "Don't Call Us! 47 of the Fortune 50 Have No Phone Number on Their Home Page," *What's Next* (blog), June 25, 2011.
12. Jamie Lywood, Merlin stone, and Yuksel Ekinci, "Customer Experience and

Profitability: An Application of the Empathy Rating Index (ERIC) in UK Call Centres," *Journal of Database Marketing and Customer Strategy Management* 16, no. 3 (2009): 207-14.

[Chapter 4]
핵심만 뽑아내라

1. 구글의 이야기는 고객 웹상품부 이사였던 마리사 메이어(지금은 야후에서 일한다)와의 인터뷰를 토대로 집필했다. 또한 이번 장에서는 우리가 조사한 20011년 글로벌브랜드단순화지수 결과를 참조한다. 이 조사에서 구글은 1위를 차지했다.
2. Excerpted from "Focusing is about saying no - Steve Jobs (WWDC'97)," YouTube video, 3:06, from Steve Jobs's closing keynote at Apple's World Wide Developer Conference in 1997, posted by Davide "Folletto" Casali on June 26, 2011, http://youtube/H8eP99neOVs.
3. Maeda's quote appeared in Nicole La Porte, "In the School of Innovation, Less Is Often More," *New York Times*, November 6, 2011.
4. James Sherwood, "Most 'Malfunctioning' Gadgets Work Just Fine, Report Claims," June 3, 2008, www.reghardware.com
5. Taken from our interviews with van Kuijk.
6. The Flip Video story draws on a number of sources, including Warren Berger's interviews with Smart Design's Richard Whitehall for this book; the guest post written by Smart Design's Nasahn Sheppard in *Pogue's Posts*, David Pogue's technology blog in the *New York Times*, July 7, 2011; Pogue's *New York Times* column titled "Camcorder Brings Zen to the Shoot," March 20, 2008; and Patrick Mannion, "Under the Hood: Flip Ultra Camcorder an Ode to Clean Design," *EE Times*, February 18, 2008.
7. Gareth Kay, "Reducing Friction ," Aprill, 18, 2011, http://garethkay.typepad.com, citing a quote from Jack Dorsey in an article from MIT's *Technology Reviews*.
8. From our interviews with Hein Mevissen and Diederiekje Bok.
9. From our interviews with Arlene Harris.
10. From our interviews with Peter Sealey of the Sausalito Group marketing

consultancy.
11. Beth Kowitt, "Inside Trader Joe's," *Fortune*, September 6, 2010.
12. Martin Lindstrom, "A Store with Only 3 Products and Other Cases for Simplicity," FastCompany.com, August 29, 2011.
13. Carmen Nobel, "A New Model for Business: The Museum," Harvard Business School's *Working Knowledge* newsletter, August 15, 2011.
14. David Pogue, "More Grumbling at Facebook," *New York Times*, October 20, 2011.
15. Chris Taylor, "Facebook Is Getting Too Damn Complicated," *Mashable*, September 30, 2011.
16. Pogue, "More Grumbling at Facebook."
17. The Pandora analysis draws from a number of sources, including Rob Walker, "The Song Decoders," *New York Times Magazine*, October 18, 2009, as well as an interviews with Westergren that appeared on the website of Greylock Partners titled "The Entrepreneur Questionnaire: Tim Westergren," July 28, 2011, greylockvc.com.

[Chapter 5]
한 가지에만 집중하라

1. Deborah Adler's story is drawn primarily from Warren Berger's interviews with her for this book.
2. Michelle Andrews, "New Ideas to Help People Take Medications Correctly," *Los Angeles Times*, March 21, 2011.
3. Deborah Franklin, "And Now, a Warning About Labels," *New York Times*, October 25, 2005.
4. Gina Kolata, "Side Effects? These Drugs Have a Few," *New York Times*, June 5, 2011.
5. Irene Etzkorn, "When Life Depends on Clear Instructions," Siegel+Gale, citing study conducted by Uniformed Services University of the Health Sciences in Maryland, 2003.
6. William Langewiesche, "The Devil at 37,000 Feet," *Vanity Fair*, January 2009.

7. From Warren Berger's interviews with Tufts University's Neil Cohn.
8. Cheyenne Hopkins, "Banks' Litigation Fears Clash with CFPB Goal of Simpler Card Disclosures," *American Banker*, October 7, 2010.
9. Steven Leckart, "Blood Simple," *Wired*, December 2010.
10. From our interview with Adrian Westaway, September 8, 2011.
11. From our interview with Dr. David Stachon, July 2011, CMO, ERGO.
12. From our interview with Rob Wallace, June 6, 2006.
13. From Warren Berger's interview with Lee Clow.
14. From our interview with Amanda Bach, June 6, 2006.
15. From Warren Berger's interviews with Colin Ware.
16. Natasha Singer, "When the Data Struts Its Stuff," *New York Times*, April 2, 2011.
17. Bob Greenberg, "Seeing Is Believing," *Adweek*, October 25, 2010.
18. Jerome R. Joffman et al., "The Roulette Wheel: An Aid to Informed Decision Making," *PLoS Medicine*, June 2006.
19. The story behind this was reported in Elisabeth Bumiller, "We Have Met the Enemy and He Is PowerPoint," *New York Times*, April 26, 2010.
20. Elizabeth Warren, interview with David Brancaccio, *NOW*, PBS, week of January 2, 2009.
21. An excellent recounting of the history of this term can be found in David Keene, "Gobbledygook's Persistence," *The Hill*, Febuary 23, 2009.
22. Arthur Levitt, "A World to Wall Street: 'Plain English,' Please," *Wall Street Journal*, April 2, 2011.
23. From "A Clarion Call for Transparency," survey by Siegel+Gale, February 2009.
24. Diana Middleton, "Students Struggle for Words," *Wall Street Journal*, March 3, 2011.
25. Claude Singer, "More Horror from Lionsgate Entertainment Corp.," *Brandsinger*, September 3, 2011.
26. Buffett wrote this in the introduction to the 1998 SEC Plan English Handbook. It is cited in Joanne Locke, "A History of Plain Language in the United States Government," www.PlainLanguage.gov
27. Gadi Dechter, "ANALYSIS: Information Overload," *Government Executive*, October 2011.
28. Lucy Kellaway, "Words to Describe the Glory of Apple," FinancialTimes.com,

September 19, 2010.
29. Daniel M. Oppenheimer, "Consequences of Erudite Vernacular Utilized Irrespective of Necessity: Problems with Using Long Words Needlessly," *Applied Cognitive Psychology* 20(2006).

[Chapter 6]
단순함을 기업문화로 전파하기

1. 필립스가 2006년 뉴욕에서 주최한 '단순함 이벤트'에 방문했던 경험과 회사의 안드레아라 그네티와의 인터뷰를 바탕으로 집필했다.
2. "Capitalizing on Complexity," IBM study, 2010.
3. Sian Harrington, "$1.2 Billion Each: The Hidden Cost of People Complexity to the Top 200," *HR*, September 6, 2011.
4. From an interview with Jobs in *BusinessWeek*, October 12, 1994.
5. Jessica E. Vascellaro, "Tim Cook on Hardware, Apple's Structure and Being 'Simpletons,'" Digits(blog), *Wall Street Journal*, February 16, 2012.
6. Adam Bryant, "Early Access as a Fast Track to Learning" (includes interview of David Barger, president of JetBlue), *New York Times*, September 25, 2011.
7. Lee discussed the creation of the OXO measuring cup in his speech at the GEL Conference in New York, April 2008; the speech can be seen at http://vimeo.com/3200945.
8. From "68 Rules? No, Just 3 Are Enough," *Corner Office* interview by Adam Bryant, *New York Times*, November 21, 2009.
9. Lucky Kellaway, "Business English: I've Found the Worst Employee Handbook Ever," *Financial Times*, August 27, 2007.
10. "The CEO, Now Appearing on YouTube," *Coner Office* interview by Adam Bryant, *New York Times*, May 9, 2009.
11. Christa Avampato, "An Interview with Alex Lee, CEO of OXO," *New York Business Strategies Examiner*, March 15, 2009.
12. Steven Johnson, "Invisible City," *Wired*, November 2010.
13. Lisa Frickenscher, "Now, Opening a Restaurant Is as Easy as NBAT," *Crains*

New York, January 3, 2012.

14. Steven Johnson, "What a Hundred Million Calls to 311 Reveal About New York," *Wired*, November 10, 2010, http://www.wired.com/magazine/2010/11/ff_311_new_york/all/.

[Chapter 7]
복잡한 세상에서 현명하게 살아남기

1. From *ABC News* report on protests of bank fees, reported by Susanna Kim and Matt Gutman, November 1, 2011.
2. Stuart Pfeifer and E. Scott Reckard, "One Facebook Post Becomes National Movement to Abandon Big Banks," *Los Angeles Times*, November 4, 2011.
3. From *NBC News* report on student loans, broadcast May 17, 2011.
4. From Sigel + Gale's Financial Award Letter Survey, conducted June 2008.

옮긴이 박종근

연세대학교 경제학과를 졸업했다. 4년간 (주)한화 금속원료팀에서 근무하며 원자재 수출입과 국제 비철금속 시장분석 및 선물 트레이딩 등 다양한 업무를 수행했다. 현재 바른번역에 소속되어 전문번역가로 활동하고 있다.

심플

1판 1쇄 인쇄 2013년 9월 25일
1판 1쇄 발행 2013년 10월 4일

지은이 앨런 시겔·아이린 에츠콘
옮긴이 박종근

발행인 양원석
총편집인 이헌상
편집장 김순미
책임편집 박지혜
전산편집 김미선
해외저작권 황지현, 지소연
제작 문태일, 김수진
영업마케팅 김경만, 임충진, 곽희은, 주상우, 장현기,
　　　　　 임우열, 정미진, 송기현, 우지연, 윤선미

펴낸 곳 ㈜알에이치코리아
주소 서울시 금천구 가산동 345-90 한라시그마밸리 20층
편집문의 02-6443-8845 구입문의 02-6443-8838
홈페이지 http://rhk.co.kr
등록 2004년 1월 15일 제2-3726호

ISBN 978-89-255-5155-5 03320

※ 이 책은 ㈜알에이치코리아가 저작권자와의 계약에 따라 발행한 것이므로
　본사의 서면 허락 없이는 어떠한 형태나 수단으로도 이 책의 내용을 이용하지 못합니다.
※ 잘못된 책은 구입하신 서점에서 바꾸어 드립니다.
※ 책값은 뒤표지에 있습니다.

RHK 는 랜덤하우스코리아의 새 이름입니다.